国家自然科学基金面上项目（72174033）

U0586664

新时代健康科普：
科学健身

主　编／黄　浩　吴成斌
　　　　刘薇薇　赖维云
副主编／杨庆华　顾　典
　　　　邓　晶　项江韵
　　　　谢晓梅　卞　晶

重庆大学出版社

图书在版编目（CIP）数据

新时代健康科普：科学健身 / 黄浩等编. -- 重庆：
重庆大学出版社, 2023.2
ISBN 978-7-5689-3604-0

Ⅰ. ①新… Ⅱ. ①黄… Ⅲ. ①健身运动–通俗读物
Ⅳ. ①G883–49

中国版本图书馆CIP数据核字（2022）第223497号

新时代健康科普：科学健身
XINSHIDAI JIANKANG KEPU：KEXUE JIANSHEN

主　编　黄　浩　吴成斌　刘薇薇　赖维云
策划编辑：胡　斌
责任编辑：胡　斌　　　版式设计：胡　斌
责任校对：邹　忌　　　责任印制：张　策

＊

重庆大学出版社出版发行
出版人：饶帮华
社址：重庆市沙坪坝区大学城西路21号
邮编：401331
电话：（023）88617190　88617185（中小学）
传真：（023）88617186　88617166
网址：http://www.cqup.com.cn
邮箱：fxk@cqup.com.cn（营销中心）
全国新华书店经销
重庆长虹印务有限公司印刷

＊

开本：889mm×1194mm　1/32　印张：5.75　字数：106千
2023年2月第1版　2023年2月第1次印刷
ISBN 978-7-5689-3604-0　定价：45.00元

编委会

————————————————————————————————

前言

世界卫生组织（World Health Organization，WHO）提出：现代人的健康观是一个整体的大健康观，包括生理、心理、社会适应、道德和环境的全方位健康，而不是单纯指没有病痛。影响健康的因素有环境因素、生物因素和生活与行为方式等。自《"健康中国 2030"规划纲要》实施以来，大众健身的科学性问题日益受到重视。

运动健身对于健康的影响主要体现在强化人体骨骼，锻炼肌肉，提高器官功能，减肥瘦身，增强心肺功能，提高抵抗力，改善血液循环系统、呼吸系统和消化系统的功能等方面。人体的生长发育、免疫力的提高、有机体适应能力的增强等都离不开运动。同时，运动使人精力充沛，能够以饱满的精神状态轻松应对日常生活和工作。人体是由生物因素、心理因素、社会因素三者共同构成的一个统一整体，生物因素、心理因素、社会因素三者共同影响着人的健康和疾病，有时其中一种因素起主导作用，但三者总是相互影响的。因此，如何合理、科学地健身已成为老百姓日益关心的热点问题。

本书提供健康状态自测表（表 0.1），读者可以对照自测表进行自我健康状况评估。如果累积总分在 30 分以下，表明你比较健康；如果累积总分在 30~50 分，表明你的身体已敲响了健康的警钟，你即将处于亚健康状态，应该对自己的健康状况引起重视；如果累积总分在 50~80 分，说明你已处于亚健康状态，应该改变不良的生活习惯，调整自己的不良情绪，注意饮食搭配并适量运动；如果累积总分超过 80 分，说明你已处于严重的亚健康状态，应该及时就医，或是好好休息调整一段时间。

表 0.1　健康状态自测表

题目	题目分值	自评分数
1. 梳头时发现自己的头发掉得有点严重，轻轻一摸头，就有几根掉落的头发	5 分	
2. 感到心烦、抑郁，做什么事都没有兴趣	3 分	
3. 刚想到了什么，但转眼就忘了，怎么也记不起来，而且最近一段时间，经常出现这种情况	10 分	
4. 害怕走进教室、办公室，一想到读书或工作就很疲倦，没有精神	5 分	
5. 不想和身边的人交流，就想一个人待着，有自闭症的症状	10 分	
6. 只要工作就感到全身无力、胸闷气短，整个人完全不在状态	10 分	
7. 无法集中注意力去工作，情绪不稳定，最令自己不解的是，经常无缘无故地生气，心中有团火想发泄，但又发作不出来	5 分	

续表

题目	题目分值	自评分数
8. 对吃饭没有太大的兴趣，觉得饭菜没有什么味道，即使自己很饿也吃不了多少，或即使是自己最喜欢吃的东西也不想吃	5分	
9. 盼望早点离开自己学习或工作的地方，整天都很疲劳，只想睡觉	5分	
10. 总是对自己生活的地方很敏感，觉得自己生活的地方空气污染非常严重，生活不下去；觉得自己住的地方很吵，连听到鸟雀的叫声都很烦，就想找一个没有任何声音的地方居住	5分	
11. 以前总喜欢朋友聚会，可现在没多大兴趣了，就是应付的态度	2分	
12. 晚上经常到很晚都睡不着觉，即使睡着了也总是做噩梦，很容易就醒了；睡眠质量非常不好	10分	
13. 明明没有运动，自己的体重却下降得非常厉害；面容憔悴，每天早上起来，发现眼眶凹陷，黑眼圈重，下巴突出	10分	
14. 感觉身体的抵抗力一直在下降，一旦天气变化，就很容易感冒	5分	
15. 性能力和欲望下降，当你的爱人表示要进行性行为的时候，你也没有兴趣，甚至有点讨厌他（她）的这种行为	10分	
自评总分		

目 录
CONTENTS

第一章
不同年龄段人群的科学健身

第一节　婴幼儿（0~3 岁）的科学健身

一、婴儿（0~1 岁）的科学健身

（一）你家孩子的发育落后了吗？

【案例】自从孩子出生，家长们就开始关注宝宝的发育问题，我家宝宝几个月就可以翻身了，我家宝宝几个月可以走路了……宝妈们相互讨论着，生怕自己的孩子发育落后。小明妈妈也是如此，坐完月子后她就经常与其他宝妈交流育儿经验。可是小明妈妈却很担心，因为她和小明爸爸的身高都不是很高，换句话说，孩子的身高基因可能并不是很好，小明妈妈开始犹豫需不需要寻医问诊，想通过其他方法改变一下小明的身高发育。

【点评】婴儿期是人体生长发育的第一个高峰期。在这个时期，婴儿的身长、体重、头围等体格发育指标都是青春期之前增长最快的阶段，所以宝妈们重视这个阶段是应该的。但是孩子的生长发育除了受到遗传因素的影响外，后天的环境因素也对孩子的生长发育有十分重要的影响。

影响婴儿体格发育的主要因素有遗传、宫内生长水平、内分泌、生长环境等。其中可变性大的主要是环境因素，因此可以通过科学健身提高其体格发育水平。通常来讲，运动发育分大运动（包括平衡）和精细运动两类：大运动发育可体现为 2 个月抬头、4 个月翻身、6 个月会坐、8 个月会爬、10 个月会站、周岁会走；精细运动体现为 3 个月玩手、5 个月抓自己的玩具、7 个月可以换手、周岁就会乱画，这个时候可以发掘一下小孩子做艺术家的潜质。婴儿在 1 岁内，自主运动的能力尚未形成，因此可做被动操来实现运动效果。被动操有很多好处，能促进宝宝动作的发展，分别有适用于 1~6 个月婴儿的婴儿被动操和适用于 6~12 个月婴儿的婴儿主被动

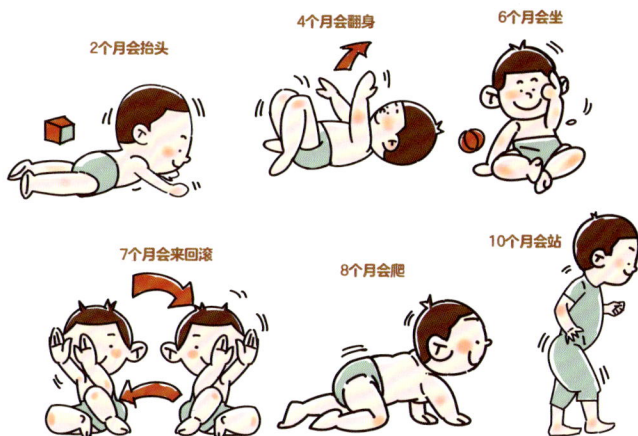

操。长期坚持给宝宝做婴儿操，不但可以增强孩子的适应能力，促进宝宝动作发展，使宝宝动作变得更加灵敏，同时还可以促进宝宝神经心理的发展，使宝宝初步的无意识动作逐步形成和发展分化，为有目的的协调动作和思维能力打下基础，促进宝宝的智力发展。小明妈妈应该通过科学运动来帮助小明健康成长，而不是只看重"遗传"这一个方面因素。另外，孩子的成长急不得，每个孩子都有属于自己的成长轨迹，切不可用同一个标准来衡量所有孩子。

（二）科学健身对促进生长发育的作用大吗？

【案例】年轻女士王某，在女儿出生后的第 15 天，晚上听见女儿有明显的喘息声，她以为女儿在"说梦话"，可是有哪个小孩出生 15 天就会说梦话呢！这可把王女士急坏了，于是带女儿去检查，在当地某三甲医院被诊断为新生儿喘息样呼吸。在儿童保健医生进行婴儿健康教育时，王女士了解到婴儿游泳对呼吸系统有改善作用，于是王女士在女儿 45 天时开始带她进行亲子游泳。严格执行科学合理的游泳健身计划，持续时间长达一年多，王女士发现女儿的喘息样呼吸得到了明显改善，现在几乎没有喘息的情况发生。与此同时，王女士还发现女儿的大运动能力得到了很好的锻炼，女儿现在 1.5 岁，协调能力、对肌肉的控制能力在同龄幼儿中都十分出色。

常规儿童保健检查对女儿身材的评价也一直都是"匀称"，基本上是幼儿中的模板身材了。

【点评】婴儿的科学运动可改善婴儿的体格发育水平。长期坚持科学的健身计划，对婴儿身高体重及身体匀称度的发育，都有显著的促进作用，同时可帮助改善婴儿的呼吸系统发育，运动时增加肺活量，有利于呼吸功能发育。研究表明，婴儿科学的活动可以显著改善其骨密度，为婴儿期乃至青春期的骨骼发育打下基础。此外，婴儿的科学健身运动可显著改善其运动能力，在科学的健身计划中，婴儿身体的各个器官得到活动，既有全身"体操"，也有局部"拉伸"；既包括"大喘气"的大运动量运动，也包括"小热身"运动。这些活动和运动不仅能促进婴儿骨骼、肌肉的发育，也有利于内脏器官和神经系统的发育。身体游戏可以发展婴儿身体运动的协调和控制能力，对婴儿的灵活性、敏捷度、平衡感、肌肉系统的生长和控制、心肺的承受力都具有不同程度的良好影响。所以这样看来，科学健身对促进生长发育的作用很大。中国1~3岁儿童生长发育参照标准如表1.1所示。

表 1.1　中国 1~3 岁儿童生长发育参照标准

年龄	月龄	1~3岁男宝宝 身高 /cm	体重 /kg	年龄	月龄	1~3岁女宝宝 身高 /cm	体重 /kg
1 岁	12	68.6~85.0	7.21~14.00	1 岁	12	67.2~83.4	6.87~13.15
	15	71.2~88.9	7.68~14.88		15	70.2~87.4	7.34~14.02
	18	73.6~92.4	8.13~15.75		18	72.8~91.0	7.79~14.90
	21	76.0~95.9	8.61~16.66		21	75.1~94.5	8.26~15.85
2 岁	24	78.3~99.5	9.06~17.54	2 岁	24	77.3~98.0	8.70~16.77
	27	80.5~102.5	9.47~18.36		27	79.3~101.2	9.10~17.63
	30	82.4~105.0	9.86~19.13		30	81.4~103.8	9.48~18.47
	33	84.4~107.2	10.24~19.89		33	83.4~106.1	9.86~19.29
3 岁	36	86.3~109.4	10.61~20.64	3 岁	36	85.4~108.1	10.23~20.10
	39	87.5~110.7	10.97~21.39		39	86.6~109.4	10.60~20.90
	42	89.3~112.7	11.31~22.13		42	88.4~111.3	10.95~21.69
	45	90.9~114.6	11.66~22.91		45	90.1~115.3	11.29~22.49

（三）你花了足够多的时间在孩子身上吗？

【案例】阿舟出生于一线城市中的小康家庭，虽说不上是富二代，但家境也很不错。大城市的生活节奏快，工作和生活压力很大，再加上舟爸舟妈希望给阿舟创造更好的生活条件，所以他们拼命工作。由于忙于工作，阿舟无人照料，因此舟爸舟妈就请了一位家政阿姨专门负责照顾阿舟的日常生活。孩子在婴幼儿时期缺乏安全感和信任感，比较容易依赖他人。三岁前是建立亲子关系最关键的时期，然而舟爸舟妈在这个关键期很少与孩子沟通交流，甚至亲子游戏与活动都开展得较少，因此阿舟从小性格内向、孤僻、缺乏安全感。由于阿舟从小与父母沟通较少，长大后与舟爸舟妈之间的隔阂加深，甚至阿舟的小秘密也不愿与父母分享，而更愿意与家政阿姨倾诉。

【点评】有资料研究表明，科学健身活动是父母与婴儿间最好的情感交流方式之一。父母的教养方式和态度、对儿童的亲密程度等与儿童个性的形成和社会适应能力的发展密切相关。父母对婴儿的咿呀学语做出及时的应答可促进其语言和社会性应答能力的发展；婴儿期与父母接触密切的儿童，其语言和智能发育及时；从小与父母建立相依感情的儿童，日后会有良好的社交能力和人际关系。而本案例中舟爸舟妈由于一些客观因素缺少对阿舟的陪伴，因此可能对阿舟的身心发育和性格培养等方面产生不良影响。

（四）婴儿的科学健身

北京协和医院根据幼儿发育规律编制的婴儿科学健身操，可用于对婴儿进行早期干预。这套健身操包括由上及下的训练，即抬头、翻身、坐、爬、站、走等；从粗大到精细动作，即挥动胳膊到精细手指动作；从无意识到有意识的运动，如吸吮到后期见食物就抓等。具体干预方法如下。

1. 0~2个月

抬头训练：在出生后1个月内即可进行，要求在吃奶前1小时、觉醒状态下进行，用声音、语言或玩具等逗引婴儿主动抬头，但要注意安全，每日可训练4~6次，每次持续约10分钟。

拉坐训练：在婴儿满1个月后进行，婴儿呈仰卧位，握婴儿前臂慢慢拉起呈坐位，其目的是训练婴儿的竖头能力。拉坐时还可向左右活动或仰卧位慢慢放回，可促进婴儿颈部肌肉的发展，同时提高躯干的控制能力。每日练习7~8次，每次5~6分钟。

2. 3~4个月

俯卧训练：继续让婴儿进行俯卧位抬头训练，尽可能在俯卧位诱发其抬头和爬行等主动动作。

翻身训练：用玩具诱导婴儿主动翻身，开始时可给予帮助，一手握住婴儿的手，另一手放在其肩背部，轻轻地向对侧引导。先到侧卧位，稍停顿，让其体会侧卧的感觉，然后继续用玩具引导激发其完成俯卧的动作。每日练习不少于7~8次。

俯爬训练：初练习是在婴儿前臂支撑、头上抬姿势的基础上，一人在前方用玩具逗引，另一人手屈曲一侧下肢，给予一定阻力促其产生向后蹬的力量，练习主动俯爬。每日7~8次，每次5~6分钟。

平衡训练：将婴儿仰卧位放于被单内，由两家长分别抓住被单两头，轻轻左右摇晃。此法可促进婴儿平衡机制建立，有利于协调运动的发展。每日2~4次，每次2~3分钟。

手、口、眼协调训练：婴儿仰卧位，让婴儿用两手抓住两脚放至口里，这有助于平衡能力的建立及手、口、眼协调性的获得。也可在床上或家长身上，婴儿两脚上抬，家长握住其骨盆进行前、后、左、右摇动，这有助于骨盆控制及躯干姿势的调整。

抓握训练：婴儿在任何体位下都可进行，训练时将玩具放在中线位置，婴儿头保持中立位，诱发婴儿上肢向前伸出，手指分开进行抓握。开始将玩具放在易触到位置，以后逐渐变换位置。每日进行7~8次即可。

3. 5～6个月

坐位训练：开始注意选择良好姿势，让婴儿双下肢分开，躯干前倾，双上肢前方支撑，手指伸开。婴儿坐不直时，可从腰骶部向上滑行给予刺激，使其坐直。可用玩具在婴儿前上方逗引，使其主动坐直。为了强化坐位平衡能力，在婴儿后方，双手握住其骨盆，使其重心前、后、左、右移动。每日练习5~6次，每次10分钟。

主动抓握训练：将玩具放在胸前不同位置，让婴儿在远、近、高、低不同位置拿取玩具，以及到对侧取玩具，有助于平衡能力的强化。每日5~6次，每次10分钟。

4. 7～8个月

手膝位爬训练：婴儿在手膝位能自己保持的姿势下，可让其进行爬行训练，如取东西或找妈妈等，激发其主动爬行的欲望，对促进婴儿协调能力及认知能力有重要意义。能独立爬行后可让婴儿越过障碍物继续爬行训练，日累积爬行50~100米。

翻身坐起训练：婴儿仰卧位，先向一侧翻身，然后重心从另一侧的肩部向肘和手掌转移，随着重心的转移，躯干上抬完成侧方坐起的动作。开始时，家长可拉住婴儿一侧上肢诱导其完成。每日练习4~6次。

扶跪位训练：令婴儿呈跪位，然后用玩具诱导其从跪位站起，每日2~4次，每次5~10个。

拾取动作训练：婴儿立位，家长扶婴儿双膝，防止其膝盖屈曲，在婴儿前面放置玩具，让其弯腰拾取，弯腰幅度从高到低、从易到难。此动作每日练习 2~4 次，每次 10~30 个。

双手捏取动作训练：7 个月的婴儿能够使用拇指，此时可以给他一个小玩具，让其练习使用手指。玩具可从大到小，让婴儿从使用拇指抓握到一起使用其余四手指，再到拇食指相对捏起。精细动作是婴儿智力发展的重要标志。

5. 9 ~ 10 个月

扶站训练：让婴儿扶着东西或靠着东西站立，也可借助家长的手站立。注意双脚均匀负重，站立时可诱导婴儿在高低远近不同位置够取玩具，这样可强化婴儿的平衡能力，也可在扶站时使其左右交替地将一足抬起，如做踢球游戏。此法训练单腿负重，可为独立行走打下基础。

蹲起训练：家长扶住婴儿双足及膝部帮其进行蹲下起来练习，也可用小凳子做坐起练习。每日练习 2~4 次，每次 10~30 个。

6. 11 ~ 12 个月

站立和行走的训练：在婴儿下肢有一定的支撑力后，可进行站立与行走练习。家长可在两侧进行保护和诱导，从扶站到独自站立，从扶行到独自行走，是孩子完成运动发展的重要阶段。

二、幼儿（1~3岁）的科学健身

（一）第一次当妈妈必须知道的幼儿生理

骨骼方面：水、无机盐和有机物是幼儿骨骼中的主要化学成分。无机盐中的主要成分是钙盐，赋予骨骼以硬度；蛋白质是有机物的主要成分，赋予骨骼以韧性和弹性。幼儿的骨骼中，有机物和无机盐各占50%，因此幼儿的骨骼较柔软、富有弹性、韧性好，但容易受自身重力和外力的影响而发生变形，因此要注意纠正幼儿的走姿、坐姿，要留意幼儿的骨骼发育情况。

感知觉发育方面：幼儿13~16个月时可寻找不同响度的声音来源，听懂自己的名字，18个月已经能区分各种形状，2岁时可以区分垂线与横线。

运动发育方面：幼儿12~15个月时学会用匙，可乱涂乱画，18~24个月时可以叠块积木。

语言发展方面：幼儿期是语言发育的关键期，经过合适的引导，可促进后天语言的发育。

个性和性格发展方面：幼儿期已经能独立行走，说出自己的需要，有一定的自主感，但又未能脱离对亲人的依赖，常出现违拗言行与依赖行为互相交替的现象。

心理方面：这一时期的心理发育最为迅速，重视与幼儿的语言交流，通过做游戏、讲故事、唱歌等促进幼儿语言发育与大运动能力的协同发展。同时，应培养幼儿的独立生活能力，安排有规律的生活，养成良好的生活习惯，如睡眠、进食、排便、沐浴、游戏、户外活动等。定期进行体格检查，预防龋齿，还要注意预防异物吸入、烫伤、跌倒等意外伤害。

（二）幼儿科学健身有什么好处？

幼儿阶段是儿童身体发育和机能发展极为迅速的时期，也是形成安全感和乐观态度的重要阶段。发育良好的身体、愉快的情绪、强健的体质、协调的动作、良好的生活习惯和基本生活能力是幼儿身心健康的重要标志，也是其他领域学习与发展的基础。幼儿体育活动可以有效促进幼儿身心健康发展，成人应为幼儿提供合理均衡的营养，保证充足的睡眠和适宜的锻炼，满足幼儿生长发育的需要。家长应创设温馨的人际环境，让幼儿充分感受到亲情和关爱，形成积极稳定的情绪和情感。家长要帮助幼儿养成良好的生活与卫生习惯，提高自我保护能力，形成使其终身受益的生活能力和文明生活方式。家长不宜过度保护和包办代替，以免剥夺幼儿自主学习的机会，养成过于依赖的不良习惯，影响其主动性、独立性的发展。幼儿参与体育活动能够促进骨骼、肌肉、心肺功能的生长发育，达到预防疾病的效果。

幼儿体育发展的特点：动作发展专家泽费尔德（Seefeldt）提出了"动作熟练度发展序列模型"，他将人类的动作技能发展划分为四个主要时期，分别为反射动作时期（0~2岁）、基本动作时期（3~7岁）、过渡动作时期（8~10岁）、专项运动时期（11岁及以上），此处仅围绕1~3岁幼儿相关的反射动作时期和基本动作时期作简要介绍。

反射动作时期（0~2岁），指幼儿在动作发展过程中，出现一些具有倾向性或预先适应性的动作行为。这些行为是与生俱来的，是预先适应的，而不是预先决定的。若没有一定的外界环境刺激，这些动作行为将不会出现。这个阶段的动作技能大致分为姿势控制、移动和操作控制三类，其中每个条目下出现的技能都称为动作里程碑，每个动作里程碑在幼儿动作发展中都是标志性的事件。

基本动作时期（3~7岁），随着幼儿年龄增加，出现更高级的、大脑皮质控制的自主性动作，受外界的影响较大，是动作发展的外在机制。它分为有关个体全身大肌肉活动的粗大动作和主要涉及手部小肌肉活动的精细动作技能。粗大动作发展的内容主要包括：位移技能，如跑、跳、爬；控制技能，如扭转、弯身等；操作技能，如投掷、接、踢、挥击等。精细动作指的是那些主要由身体小肌肉或小肌肉群控制的动作，在知觉、注意等多方面心理活动配合下完成特定任务的能力，因为这些动作对于生存、后期的工具使用和书写等动作发展都非常重要，所以精细动作的发展是幼儿早期最重要的发展成果之一，典型的精细动作技能通常为伸够和抓握动作。

骨骼方面：适量的运动能够有效促进血液循环，让骨头吸收较多的营养物质，有利于强健体格、增加身高，促进全身骨骼的生长，特别是长骨的生长。

肌肉方面：适量的运动能锻炼幼儿的四肢，增加肌肉的力量，让肌肉变得紧实。

心肺功能方面：适量的运动能够促进幼儿心肺功能发展，促使血液循环加快，新陈代谢能力加强，心肌越来越发达，收缩力逐渐加强。经常参加体育活动的幼儿，每搏输出量会增加，安静时的频率会变慢，从而出现心脏工作的"节省化"现象。

肠胃方面：运动可增加幼儿胃肠的蠕动，增强消化能力，提高食欲，从而吸收更多的营养，让幼儿远离厌食、拒食。

抗病能力方面：体育锻炼可以提高幼儿的抵抗力，增强对外界的适应能力，保持充沛的精力和旺盛的生命力。

（三）你的小宝贝是否在阳光下成长？

【案例】小华是一个 2 岁的小男孩，不过这个小男孩却有着他的烦恼。小华出生体重 4 千克多，一直以来家里又给了他充足的营养，2 岁时便已经是 20 千克左右的"膨胀小青年"了。此外，小华还是"低头一族"，整天拿着平板电脑，恨不得把沙发坐个大窟窿出来。有了平板电脑这个亲密朋友，小华也不跟其他小伙伴玩儿了，家里的乐高也起了一层灰，而且才 2 岁的小华有了很明显的低落情绪，不玩益智类游戏，遇到一些小困难就选择逃避。面对小华这个宝贝儿子，爸爸妈妈是打也打不得、骂也骂不得，对小华是一点办法也没有。

【点评】影响幼儿心理发展的因素是比较复杂的，体育健身活动作为影响因素之一，可有效促进幼儿心理发展，具有极为重要的意义。小华的父母显然没有意识到健身活动在幼儿生长发育过程中所起到的重要作用。事实上，完美地完成每一项活动有利于幼儿建立良好的自信心，提高对生活的满意程度；有利于幼儿克服困难，磨炼良好的意志品质；有利于婴幼儿在掌握原有动作的基础之上，充分发挥自己的想象，培养自己的创新意识；有利于提高幼儿社会适应能力，促进幼儿在以后生活中团结协作良好品质的形成和豁达活泼开朗合群性格的培养，以达到愉悦自身情绪的目的，继而提高各种人际关系和各种角色的社会适应能力。科学健身还能有效提高幼儿的认知水平、创新能力等，使幼儿养成优良的性格，培养良好的意志品质，控制好自己的情绪。

近年来，因疾病或者营养过剩和营养不良，"小胖墩""豆芽菜"型的幼儿及患龋齿和斜弱视的幼儿呈递增趋势，这些幼儿应该多参加户外运动，接受日光的沐浴，感受外界环境变化的刺激，以增强皮肤和呼吸系统的耐受力，让大脑皮质对冷和热形成条件反射，以此减少幼儿疾病的发生。

（四）幼儿的科学健身

1. 根据幼儿年龄特点，科学地安排体育锻炼

幼儿的运动，不可为急于收到"效果"而过度激烈，更不能一律化，而是应该根据幼儿的年龄特点和各年龄段的幼儿体力、能力、智力，由轻度且容易做的活动开始，逐渐发展。例如：单脚跳的平衡活动，大班幼儿用左右脚交替跳动，能持续 5 分钟；中班幼儿跳 3 分钟就感到累了；小班幼儿单脚站也站不稳，跳的时间也很短。从而可以看出三个不同年龄组的幼儿全身各部分肌肉力量的发育不同，神经系统的平衡、协调、控制能力也不同，因而，在体育活动中所表现的活动能力也不同。

为此我们一定要科学安排每日体育活动锻炼：①幼儿年龄小，持久性差，承受力小，如果活动量集中在一段时间内开展，往往会出现两种现象，一是时间长，负担量过大，幼儿容易疲劳，对体育活动产生厌倦情绪，不利于培养幼儿参加体育活动的兴趣，二是疲劳引起注意力分散，导致有效的

锻炼时间减少。②年龄越小的幼儿，对每一个活动的持续时间应越短，需要多种活动交替、轮换进行，调节其紧张的情绪，使幼儿身心得到和谐发展。

2. 从幼儿心理素质的发展出发，科学地组织各年龄阶段的体育活动

一项调查显示小班幼儿对体育活动的兴趣很高，在体育游戏中敢为性最好；而中班幼儿自信心发展水平普遍较低，独立性也比较差；大班幼儿在体育活动中的合作能力不强，缺乏主动的合作意识，这反映出大班幼儿合群性心理素质较差，抗挫能力的发展较为迟缓，创造性思维品质也比较欠缺。

为此我们要从幼儿心理素质的发展出发：①培养小班幼儿大胆、勇敢精神，以兴趣为先导。从小班幼儿的兴趣、性格等方面进行引导，鼓励幼儿参加各项体育活动的勇气，提供适宜的玩具和游戏材料，让小班幼儿玩他们喜欢的游戏和体育活动，以培养其大胆、勇敢的心理素质。②中班幼儿的自信心和独立性培养应体现"互动性"。由于自信心和独立性在心理素质中存在着相互联系的关系，因此，这两种心理素质的培养在方法上应体现出"互动性"。经常提供一些自由探索的机会，鼓励中班幼儿独立完成力所能及的任务；在活动中不失时机地教给幼儿一些克服困难的方法，以培养其独立性；鼓励、接纳幼儿，充分信任他们，激发其潜能，使

其树立良好的自信心。

3. 利用切实可行的教育方法，科学地引导体育锻炼

科学的教育和体育锻炼方法包括：①可控性体育训练法：在家长或老师的指导、控制下进行幼儿活动能力的训练，如指导做幼儿体操、韵律操、牵手上下楼梯等，训练幼儿活动能力、进行身体锻炼、促进幼儿生长发育。②游戏法：采用游戏的形式进行体育锻炼。在幼儿期，游戏是孩子特别喜欢的活动，更何况游戏具有娱乐性、趣味性的特点，可提高孩子参与的积极性。选择适当的游戏则尤为重要，如数字游戏、抓鱼儿、抱球抢滩等。③体育比赛法：在体育比赛当中，让幼儿去实践，运用合理的方法完成比赛，或教授其比赛的方法，使其在日常生活中选择练习、比赛，此种方法既可丰富体育

知识又可开发智力，对幼儿发展具有重要作用。④情境教育法：老师或家长有意识地设置体育环境，如多媒体、挂图、录像等，让幼儿在认识体育知识的同时锻炼识字、学语说话的功能。

第二节　儿童（4~7岁）的科学健身

一、儿童时期特殊的生理特点

我们需要了解儿童时期特殊的生理特点，才能在此基础上制定科学合理的健身计划。此期儿童身体发育逐渐变缓，体重以大约每年 2 千克的速度增加，身高每年会增加 5~8 厘米。头、躯干、四肢生长速度不同，下肢发育的速度较快，身体各部的比例也会发生明显变化。此期儿童骨的弹性较好，不易完全折断；但坚固性较差，易于发生弯曲和变形。幼儿关节活动范围大于成人，主要是由于关节面软骨较厚，关节囊、韧带的伸展性较好，关节周围附着细长的肌肉；但也容易受到伤害，主要是因为关节的牢固性差，比较脆弱，在受到外力作用时容易脱位。

可以看出，儿童时期的身体稚嫩且脆弱，那么怎样才能帮助儿童健康成长呢？让我们一起来看看儿童健身的常见疑问。

二、儿童健身的常见疑问

（一）健身锻炼就等于学习掉队吗？

【案例】最近，黄女士的7岁女儿加入了学校的健美操队。一开始黄女士并不是十分赞成，害怕耽误女儿的学习，但是一段时间后，黄女士惊喜地发现女儿放学后，不再像以前那样回家后就开始安静地写作业，而是和她讨论下午在健美操队的经历。女儿变得更加活泼了，笑容多了，比以往更有活力了。根据班主任老师的反映，女儿在课堂上也更加积极了。

【点评】健美操对儿童骨骼、关节的生长和发育有促进作用。健美操属于有氧运动范畴，虽然锻炼时间长，但是负荷量较小，可明显改善儿童的心血管系统功能。另外，经过长期的健美操锻炼活动，对儿童身体形态具有显著的矫正作用，塑造完美身材的同时协调各器官的健康发育。

（二）锻炼活动对心理发展有帮助吗？

【案例】这是安徽某幼儿园的游戏：将孩子分为两组，分别扮演小鹿和小白兔。小鹿首先出发跑到蹬桶前，双脚交替蹬倒各种萝卜，然后跑到小兔面前，将胡萝卜交给小白兔，小白兔再双腿夹着胡萝卜跳到终点，哪组萝卜较多则为胜。游戏中，孩子们能够遵循规则有序完成角色任务，并乐在其中。

【点评】幼儿园阶段儿童的意识已经逐步建立，幼儿在活动中能尽心尽力完成自己的角色任务，由此说明，幼儿的责任意识也在加强，而无论是游戏还是体育锻炼，都能在某种程度上为幼儿自我认识的发展提供良好的条件，同时也可以帮助幼儿克服胆怯、恐惧心理，学着去面对和克服困难，这对幼儿意志品质的形成具有重要作用。

（三）孩子越胖越健康吗？

【案例】一个 5 岁的小男孩，平时的生活由奶奶照料，每日能吃 500 多克主食，每顿能吃两大块炸鸡腿、一碗炖肉或十多串油炸羊肉串等，冰棍、冷饮或零食不断。加上平日懒于活动，孩子体重超标，甚至在智力方面也比同龄小孩低。

【点评】近年来，随着物质生活的日益丰富，我国的"小胖墩"越来越多，亟待家长和社会的关注与重视。仍有些家长生怕自己的孩子不能"吃饱吃好"，还误认为孩子吃得越多越好，长得越胖越健康，殊不知孩子摄入了过量的糖和脂肪，可能对其生长和发育造成不良影响。

三、儿童科学健身的方法

美国国家运动与体育教育协会（National Association for Sport and Physical Education，NASPE）发布了一套针对学龄前儿童身体活动的指南。根据 NASPE 的建议，学龄前儿童的身体活动需遵循以下几个原则：①学龄前儿童每天至少需要 60 分钟有计划的体育活动。②学龄前儿童每天需要 60 分钟到几个小时的非结构性体育活动，久坐不应超过 60 分钟。③学龄前儿童应该发展更复杂运动任务的基础运动技能。④应有室内和室外区域供学龄前儿童玩耍，以符合或超过建议的安全标准，进行涉及大肌肉群的活动。

目前主要推荐的具体项目如下：

跳绳：跳绳是一项全身性运动，适合 4~7 岁儿童，跳绳可以发展身体的协调能力。在跳绳过程中，呼吸加深加快，长期锻炼可促进心肺功能。

体操：基本体操包括踏步、转体、屈体、伸展、下蹲、跳跃等动作，适合 4~7 岁儿童在早晨起床后进行。室内体操，包括前滚翻、后滚翻、劈叉、俯卧撑等动作，对提高儿童的柔韧性、灵敏度有很大的帮助。

骑自行车：经常骑自行车，可以发展孩子腿部及足部肌肉力量，提高孩子的速度、反应灵敏度和平衡能力等。

小球类运动：适合所有学龄前期儿童，主要包括小篮球、小足球、羽毛球、乒乓球等。小球类运动可以提高儿童对肢体的控制能力，增强协调能力。

跑步：适合学龄前儿童的跑步运动包括 50 米、100 米、150 米、200 米的短跑，以及 10 米折返跑等。跑步不但能锻炼儿童的协调性，还可以促进其耐力的发展。在具体操作中，

要注意运动后的恢复，避免乳酸堆积。

游泳：游泳可以促进呼吸肌发育，提高儿童的心肺功能，提高儿童的协调性及耐力。有大量研究表明，游泳可促进儿童的脑发育；同时，游泳还可以提高儿童的心理素质，提升孩子的勇气和自信心。

第三节　青少年（8~18岁）的科学健身

一、青少年的生理特点

成功从了解自己开始。按照青少年身体发育特点，这个年龄段主要分为少儿期（7~12岁）和青少年期（13~18岁）。

（一）如何在活动中避免脱臼？

【案例】小向（8岁）和外公在小区溜旱冰，小向不小心摔倒后，让外公拉自己起身。外公使劲一拉，小向的胳膊就疼，这才意识到也许是"掉环儿"（脱臼）了，于是赶快到附近医院就诊，医生一边告诫外公下次不要用力拉手，一边给小向揉胳膊，不经意间就把关节复位了。

【点评】少儿期软骨组织多、无机盐少，骨骼富有弹性和韧性，硬度与坚固性较差，虽不易发生骨折，但易发生脱位、骨弯曲及变形。青少年期骨的相对硬度增加，但关节的活动度仍较成年人大。因此，在运动时，应注意不要强行拉扯，以免受伤。

（二）肌肉会随着年龄增加而"长大"吗？

【案例】五年级的小王在网上看了史泰龙、阿诺德·施瓦辛格等的电影作品，他便有了健身的想法。但妈妈执意说："小孩子锻炼就好啦，这个年纪有肌肉也太夸张了！"

【点评】少儿的肌肉中水分较多，蛋白质和无机盐较少，故富有弹性，但收缩能力弱、耐力差，易疲劳，肌肉关节固定作用差。青春发育早期，肌肉主要向纵向发展，长度增加较快，但仍落后于骨的增长，各部分肌肉发展不均衡，因此肌肉的收缩力量、伸展和弹性都较成人差，肌肉工作的耐力差，易疲劳但恢复快。青春发育晚期，肌肉明显增大，肌肉的重量也随年龄增加，肌纤维变粗，肌肉收缩力增强，力量显著增加，是进行肌肉力量和耐力训练的适宜阶段。

（三）孩子注意力不集中正常吗？

【案例】有妈妈抱怨家里的孩子在踢球时总是"三分钟热度"，一开始还跟着教练练习踢球的技巧，没过多久就走神了。这是孩子不爱运动吗？

【点评】少儿期神经系统功能灵活性高，兴奋和抑制过程不平衡，兴奋性占优势，但易扩散和转移，训练或体育锻炼中模仿性强，多余动作多，动作显得不准确或不够协调，注意力不集中，其实这些都是正常现象。

二、青少年健身的现状

就生理特点的变化而言，青少年可以承受更大耐量的活动，且需要更大的活动量以促进青春期发育。但无论国外还是国内，青少年的健身现状都不容乐观。有研究显示，与学龄前儿童的活动量相比，青少年的日均活动量较少，甚至在双休日的活动量更少。原因主要有以下几个方面。

（1）学校说升学率更重要。应试教育愈演愈烈，而青少年正处于"鲤鱼跳龙门"的关键时期，学校出于升学率的考虑，对学生体育活动的时间进行了压缩，加之课外锻炼的资金及场地方面的保障也不充分，最终导致青少年课外体育锻炼的效果不太理想。

（2）家长说饮食更重要。从家庭因素来看，虽然家长很注重孩子的健康，但更多体现在饮食上的关心，对青少年每天是否参加体育运动则不太关注。没有了家长的督促，青少年的健身频率也就无法得到保证。

（3）青少年说健身不重要。从青少年的角度来看，主要问题是锻炼意识不强。在学校，体育课在一定程度上耗费了较多的体力，有的青少年就会"懒得运动"。此外，大多数男同学虽爱运动，但对科学健身并不了解，只会选择对抗激烈的球类运动，而忽视田径、体操、武术等其他项目，这也不利于青少年身体各项机能的全面锻炼。

【案例】关于青少年健身素养的一项调查研究结果显示：每周参与体育活动次数为1~2次的青少年居多；每次参与体育活动时间为30~60分钟的青少年占总样本比例最高。中国不同民族青少年体育活动现状调查结果显示：与汉族青少年相比，少数民族青少年的活动频率更低，单次活动的时间更短。上海市中学生活动量调查结果显示：无论是工作日还是休息日，男生的体育活动时间均比女生长。

【点评】我国青少年的健身水平距离美国疾病控制与预防中心（Centers for Disease Control and Prevention，CDC）建议的每天至少进行 60 分钟的健身要求，仍然有较大差距。

三、青少年科学健身的作用

（一）增强身体素质

青少年时期是一个人体格生长、身体素质提升、大脑发育以及心理素质培养的重要阶段，而成长发育作为青少年时期的主要特征，在这一时期，青少年不仅身体外观（身体形态）上会发生量的变化，同时身体内部（身体机能）也会发生质的改变。

1. 提升肺活量

儿童肺活量因为年龄、性别、体重不同，差异较大，使用公式进行计算可得 50~70 毫升 / 千克为相对平均的肺活量范围。即使是同样的年龄、体重，肺活量也不完全相同，活动量较小，则肺活量较小，而运动员或经常活动的人则肺活量较大。

【案例】12 岁的小王，每周按计划至少锻炼 2 次。尽管他个子小，但体测结果显示他拥有比同学们更大的肺活量。

【点评】青少年胸廓小，呼吸器官各方面的发育不完善，呼吸肌比骨骼肌发育晚，呼吸的深度较浅、频率较快、肺活量较小。科学健身可以有效增加呼吸肌的力量，提高肺的弹性，从而让呼吸加深加大，使肺呼吸的效率和机能得到改善，同时，心血管功能也得到了充分的发育。

2. 改善心血管功能

青少年时期，心脏还没有发育完全，"小心脏们"小而轻，不过心输出量的相对值却比成人大，正因如此，在快速的发育过程中，物质代谢的需要才可以得到满足。在运动过程中，为达到生理上的平衡状态，人体吸入的氧气与需求是相等的。运动时，由于肌肉收缩而需要大量氧气和养分，心脏的收缩次数会随之增加，而且每次泵出的血液量也较平常多。有氧运动时，体内乳酸不会堆积，心率和呼吸保持在稳定的状态，因而持续运动时间越长，脂肪消耗越多，心血管系统也越能得到改善。

3. 训练肌肉

一方面，在消耗能量的健身过程中，可以刺激肌肉细胞的生长，使肌肉数量增加，肌肉横截面积增大，也能增加骨密度，从而使力量增强；另一方面，长期的有氧运动能够经常刺激肌肉的代谢，使肌肉经常得到功能性的锻炼，增强肌肉的代谢能力。

4. 发展柔韧性

青少年在长期健身的过程中，韧带、肌肉等软组织的弹性和伸展性会有所增强，所以身体柔韧性也会随之得到提升。

5. 增强平衡力

制订运动训练计划的青少年，在长时间科学锻炼后，各感受器官的协调能力会逐渐增强，平衡能力也能得到增强。

6. 改善灵敏度

科学健身使大脑皮质在运动时处于兴奋状态，反复刺激建立神经联系，进而使灵敏度得到改善。

7. 预防近视

近距离用眼和高强度用眼，易使眼睛疲劳，如果眼睛长时间处于疲劳状态，得不到缓解和调整，就容易使睫状肌痉挛，从而挤压眼内毛细血管，导致微循环障碍，最终发展为近视。这也是长时间眼睛疲劳会导致近视的原因。积极的户外活动能有效预防近视，例如乒乓球、羽毛球、排球和篮球等各种球类运动。打球时，双眼必须紧紧盯着穿梭往来、忽远忽近、旋转变化的快速来球，使眼球内部不断运动，血液循环增强，眼神经机能提高，消除或减轻眼睛疲劳，从而起到预防近视的作用。

（二）提高学习能力，改变不良行为习惯

【案例】小吴学习时总是走神，学习一会儿就忍不住看看手机、玩玩笔，他自己也有意克制，告诉自己要集中注意力，可是过了半小时，竟然睡着了！这是怎么回事？这种不良习惯还能改正吗？

【点评】青少年科学健身有助于大脑的合理利用与休息，根据优势法则，7~10 岁孩子的有意注意时间能持续 20~25 分钟，10~12 岁可持续 25~30 分钟，12~15 岁可持续 30~35 分钟，15 岁以上青少年的有意注意时间会持续 35 分钟以上。青少年长期规律的健身运动可改善久坐行为的发生率。多项流行病学调查结果显示，户外运动对于提高青少年学习能力，改变不良习惯有明显的积极作用，在吸引青少年将更多注意力转移到科学健身时，还可降低青少年网络成瘾的发生率。

四、青少年科学健身的方法

问题是锁，方法是钥匙。没有科学的方法，青少年的健身之旅也就事倍功半，青少年应该如何科学健身呢？

（1）青少年应每天至少进行 1 小时中等强度的运动并培养终身运动的习惯。

（2）不同年龄段青少年科学健身训练的侧重点有所不同。

8~9 岁：增加柔韧性训练；10~12 岁：增加速度素质训练；13~14 岁：加强灵敏度素质训练；15~16 岁：培养力量素质训练；17~18 岁：开展耐力素质训练。

（3）身体发育正常的青少年，可根据自己的爱好选择形式多样的体育锻炼，如田径、足球、游泳、篮球、体操、武术等，不必受到过多的限制。

（4）青少年活泼好动，但注意力不易集中，因此，在进行锻炼时，每种活动持续的时间不宜过长，强度不宜过大，内容和形式要做到多样化和经常变换，避免单一的内容，防止青少年对运动产生疲倦感。锻炼的时间应随年龄的增长而逐渐延长。

（5）应指导青少年掌握正确的呼吸方法。比起增加呼吸的频率，呼吸时更要强调加深呼吸的幅度并注意与运动的频率（如跑步的频率）配合。

（6）比起一次长时间锻炼，不如提高每周锻炼的频率。根据青少年的肌肉较易疲劳但恢复较快的特点，最佳训练次数是每日一次或隔日一次。

（7）其他注意事项：①要注意青少年身体各部分的全面锻炼，避免身体较长时间处于比较固定的一种姿势，如投掷等项目是非对称性的。②避免在坚硬的地面反复进行跑跳练习，因为青少年脊柱生理弯曲较成人小，缓冲能力差。③青少年不宜过早地从事力量训练，在设计负重练习或负重游戏时，重量不能过重，重复次数不能过多，且时间不能过长。④青少年宜进行柔韧性练习，因为关节活动幅度大，柔韧性好。⑤为吸引青少年进行更多的健身运动，可设计一些符合青少年运动特征的体育游戏。调查显示，青少年希望的体育游戏具备的主要特征包括竞争性、户外性、易学性、简单性和多样性。

有氧运动

无氧运动

第四节　中青年（19~45 岁、46~59 岁）的科学健身

一、中青年的健康状况

健康大数据显示，各类疾病均出现年轻化态势，2020 年我国主要城市中青年白领亚健康比例高达 76%。研究指出，中青年女性更易患心脑血管疾病和妇科疾病，而男性则面临猝死、过劳和癌症等疾病的困扰，糖尿病、高血压、高血脂、脂肪肝等已成为常见疾病。随着年龄的增长，新陈代谢的速率也在减慢，许多人到了中年，身体就会发生很大的变化，人体各系统、组织的生理功能逐渐减退，对各类疾病的抵抗能力也有所下降，再加上工作负担和生活压力，亚健康问题十分严重。

中青年的主要生理变化主要包括以下几个方面：

（1）人体骨骼一般在 20~25 岁发育完成，30 岁以后，人体骨骼含钙量开始减少，在这个过程中骨质逐渐变脆，所以中青年人比儿童和青少年更容易发生骨折。

（2）在人的一生中，神经系统完全成熟后即开始衰退。随着神经系统的退化，人的记忆力也开始减退，即开始变得迟钝，在这个阶段更易疲劳，且疲劳后恢复较慢。

（3）人的心脏功能在 19~30 岁逐渐完善，通常在 30 岁以后，心脏功能开始下降，动脉也随之逐渐硬化，所以常易引起血压升高，心脏负担加重，直接影响人的耐力。

（4）呼吸道分泌液减少，机体清除异物的功能减退，肺弹性降低，容易造成肺气肿及呼吸困难，同时会影响人的体力。

（5）通常在 30 岁以后，肌肉力量和比重开始下降，50 岁以后下降得更快，同时内分泌功能也开始减退，中年妇女到 45 岁以后进入围绝经期，还会出现一系列症状。

二、中青年健身中的五大误区

（一）这个年龄还身强力壮，不需要锻炼？

【案例】郑某，男，30 岁，某公司总经理，平时工作繁忙，无暇锻炼。自己也觉得没有锻炼的必要，下班回家后基本不再活动，妻子常劝他出去散散步，运动运动，他不以为然："我还年轻，身体好着呢，不需要锻炼！"后来在一次体检中，郑某被查出患有高血压，医生建议他通过适量锻炼来改善身体状况。

【点评】进入中年，生活节奏变快，身体代谢却在减慢，如果再饮食不均衡、不运动的话，会大大增加患各种慢性病的风险（如现在中青年中十分常见的"三高"——高血糖、高血脂、高血压）。

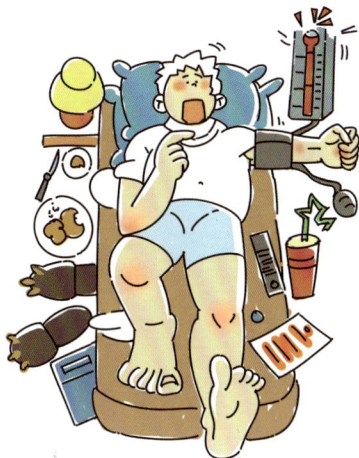

（二）这个阶段应该抓紧时间发展事业，等老了有钱了再慢慢保养？

【案例】小杨，24岁，名牌大学毕业生，刚进入社会的他深知生活不易，找到工作后，为了能够在事业上有所成就，每天加班加点地工作，作息极度不规律，周围同事劝他不要这么拼命，然而小杨并不在意："我现在努力发展自己，以后才有能力保养自己。"小杨就这样没日没夜地工作，终于有一天，小杨晕倒在了工作岗位上，被诊断为脑血管疾病。

【点评】中青年是各类慢性疾病的高发年龄段，如果不注重科学健身，再加上不规律作息，对身体造成的损害将是不可逆的。慢性疾病一旦发病很难完全治愈，需要通过药物、饮食等调节。而适宜的运动能够加速身体代谢，对身体状况有很好的改善作用。

（三）平时做家务就是运动，不需要参与其他的健身活动？

【案例】殷女士，43岁，家庭主妇。日常生活就是在家打扫卫生、洗衣服、给家人做饭，每天只有买菜时才会出门，每当邻居约她晚上一起去跳广场舞锻炼身体时，她总是说："我每天在家做这样做那样已经很累了，做家务不就是在运动吗，就不去参加你们的活动了。"后来，殷女士常感到腰酸背痛，到医院检查诊断为长期以固定姿势活动（如弯腰打扫、擦地板等）导致的腰肌劳损。

【点评】人体局部肌肉活动对增强部分肌力、改善体质条件是有益的，但是，劳动和体育活动对人体健康的效果有质的差别。做家务等活动是机体某一部位肌肉的反复运动，只有局部肌肉能得到锻炼，而其他肌群没有得到全面锻炼，因此，长期以某一固定姿势活动，还有可能损害健康。科学的运动不仅能增强体质，还能提高心血管系统、内脏器官的功能，减少代谢性疾病的发生。

（四）健身的目的就是减肥？

【案例】小丁是一名在读研究生，她和大部分女生一样，十分在意自己的形象。过年期间因为没有管好自己的嘴，小丁的体型出现了变化，曾经穿得上的裤子现如今却扣不上扣子了，她无法忍受这样的自己，下定决心要减肥。于是她在网上通过某些渠道购买了减肥药。吃了一段时间后，小丁因肾脏出现代谢障碍入院治疗。朋友问她为什么不选择运动减肥，她说道："健身就是为了减肥，吃药也能减肥，那我为什么不选择更简单的方式呢？"

【点评】当代人对美的追求越发迫切，特别是当下的审美趋势更是助长了"以瘦为美"观念的盛行，也使瘦的人放弃健身、肥胖的人选择局部瘦身的方法锻炼，甚至选择其他不健康的减肥方法。事实上，肥胖是摄入物质能量过高而代谢结余造成的，局部的力量锻炼只会让局部的肌肉更结实，而体脂含量却并无变化，体型变美了，体脂却没有改善；另外，体脂过高也会引发多种疾病，而其他不健康的减肥方法更会损害健康。

（五）工作太忙，没有时间和精力再去锻炼？

【案例】张先生，某 IT 公司白领，长期保持两点一线的生活方式。张先生身体较弱，常因天气变化就感冒很多天，周围人都劝他好好锻炼身体，增强机体抵抗力，张先生却说："我每天的工作已经很忙了，哪儿还有时间和多余的力气去健身啊？"

【点评】健身不是非得大汗淋漓，可以根据自己的喜好并结合身体状况选择篮球、游泳、登山、高尔夫等活动。如果苦于没有时间和场地锻炼，可以选择在家里练练瑜伽、跳跳健身操、打打太极拳等，如果下班后太累没有过多精力，可以在忙里偷闲中选择轻松一点的活动，如散步、手指操、按摩穴位等，不耗费太多精力却也能加速身体循环和代谢，让疲惫的身体得以放松。

三、中青年科学健身的作用

（一）改善身体素质

（1）体重和体型：科学健身可以显著降低背部、腰部、腹部和大腿部的脂肪厚度，消耗体内的能量，加强代谢水平，减少体脂含量，可有效改善体重和体型。

（2）呼吸系统：科学健身的主要特点为运动时间相对较长、运动负荷相对较小，以有氧运动为主，锻炼的过程中可以增加肺通气量，提高肺活量水平。

（3）消化系统：科学健身能够提高中青年人迷走神经的紧张度，促进肠胃蠕动和消化液分泌，从而改善消化吸收功能。

（4）心血管系统：有氧运动可以改善血液循环，帮助中青年降低血压和心率，提高心输出量，让心脏跳动水平更高。

（5）神经系统及运动系统：科学健身可以有效地刺激脑细胞，增强机体协调功能，提高反应的灵敏度，还能增加肌肉力量，提高关节韧带的弹性和灵活性，进而改善体质。

（二）改善心理健康

科学健身也可以神奇地改善心理健康。中青年人由于工作、生活压力较大，精神长期处于高度紧张状态，很容易陷入胡思乱想的恶性循环之中，产生焦虑、抑郁等心理疾病。运动和锻炼可以缓解与心理健康有关的症状，减少焦虑、提高自信，让人感觉更放松、更有活力，许多问题也能迎刃而解。

（三）防治慢性病

科学健身的过程中，周围组织对氧气的需求增加，心输

出量也随之增加。长期健身，可以使心脏功能得到锻炼，延缓心血管功能衰退，降低中年人患心血管疾病的风险，对冠心病也有一定的改善作用。科学健身对血压、血脂、体重、血凝状态等也有良好的影响，可以降低高血压和代谢综合征的患病风险。有规律的体育活动可以提高和维持胰岛素敏感性，降低 2 型糖尿病的患病风险。坚持科学健身的中年人，血清甘油三酯的水平相对较低，降低了高脂血症及动脉粥样硬化等疾病的发病率。

【案例】何女士，30 多岁，两年来坚持科学健身，自述身体变化如下："首先是身体好了，很少感冒。之前是个药罐子，平均一两个月就要感冒一次，从健身跑步开始，到现在都没有输过液。两三年前有段时间过敏严重，经常起荨麻疹，健身后也得到了缓解。其次是心态变得更加平和了。之前看书上说健身可以刺激多巴胺的分泌，从而产生愉悦感，自己并没有太多体会，直到开始健身后发现，健身很容易让心情变好，不开心的时候跑跑步，抑郁情绪也就烟消云散了。最后是变得更有毅力了。之前自己对什么都是三分钟热度，做什么事都不太能坚持，健身后看到优秀的人，也会不断提高对自己的要求。"

四、中青年人科学健身的注意事项

（1）中青年人健身应该以低冲击力的有氧运动为主，强度不宜过大。对自己身体状况和接受能力等认知不当，运动强度过大，超过身体负荷，往往会在体育活动中出现运动性损伤。如登山频率过高的人常会出现膝盖疼痛，频繁打羽毛球的人容易出现肩韧带拉伤和膝盖损伤等。所以，过度过量的运动不仅不利于健康，还会适得其反。中青年人可以通过心率和主观体力感觉等级表（Rating of Perceived Exertion，RPE）来确定自己运动时的运动强度：安静时，心率一般是60~100次/分，每个人的最大心率一般用"HRmax=208−0.7×年龄"这一公式来推算。中等强度有氧运动时的心率=最大心率×60%。运动时可以通过心率来自我监测运动是否适宜。

（2）健身应该循序渐进，不宜一开始就强度过大、时间过长。长期不运动的身体突然进行大量的运动，肌肉和韧带一时难以适应，可能会造成全身酸痛，甚至拉伤肌肉和韧带。身体也需要一个慢慢适应的过程，循序渐进才能达到最好的效果。

（3）掌握适宜的运动时间。要想达到理想的锻炼效果，运动就要具有一定的强度，同时必须持续一定的时间，达到一定的运动量才能有效刺激机体的呼吸和循环功能，使人体各项生理功能被充分调动起来，促使机体产生新的适应能力，以达到健身的目的。此外，傍晚锻炼比清晨锻炼效果更佳，因为清晨血液凝聚力强，形成血栓的可能性更大，此时也是心脏病发作的高峰期，而傍晚是锻炼的良好时间，傍晚时的心跳、血压平稳，此时锻炼比较安全，而且人在傍晚时反应更加灵敏，刺激的效应更强，所以有更好的锻炼效果。另外，空腹或刚吃完饭时不宜运动。

（4）健身是一个长期过程，需要有规律地坚持下去。对中青年人来说，每周至少 3 次，共计时长 90 分钟的中等强度有氧运动或每周累计至少 75 分钟较大强度的有氧运动才能达到运动需求量，或与较大强度的有氧运动相结合也能满足活动量需求。运动量的大小要与自己的体质相适应，宜有氧运动、肌肉力量训练、柔韧性运动等类型结合。

（5）运动后要注意充分休息。在身体疲劳或运动后感到疲劳时，就不应该继续大强度运动了。疲劳是需要休息的信号，这时反应力和肌肉修复能力等都有所降低，再让身体继续运动，反而会使身体超负荷运转，得不偿失，健身变成了伤身。所以，不管运动前后都要保证充足的休息。

（6）发生运动性损伤后要及时处理。运动时应注意对膝盖、脚踝等关节处的保护，避免关节的过度屈伸，若出现疼痛应该立刻停止运动并处理损伤部位，切忌觉得没什么大事

就忽视这种疼痛信号，导致病情延误或加重。另外在每次运动之前都应该做好热身准备，让身体各部位活跃起来才能更好地无负担运动，运动后也要适度拉伸，让身体逐渐放松下来，否则很容易造成膝盖软骨和半月板损伤。

（7）特殊疾病人群应选择与自己身体状况相适应的运动项目。有基础性疾病的人群，选择运动项目时要充分考虑自身的健康状况，最好咨询医生。比如糖尿病人宜选择步行、慢跑或骑自行车等项目，高血压病人可以做一些低强度运动，如游泳、打太极拳、跳广场舞等。

五、中青年科学健身的方法

（一）健身项目的选择

可以选择的健身项目包括有氧耐力性运动，力量性运动，柔韧性、平衡性、协调性运动。根据运动目的和身体具体情况，有选择性地将三类运动配合起来。有氧耐力性运动主要提升心肺功能，包括健步走、慢跑、自行车、健身操等。力量性运动是以增强力量、塑形为主的运动，包括哑铃、力量器械等。柔韧性、平衡性、协调性运动是调整呼吸、伸展肢体、加大关节运动幅度的运动，如瑜伽。

选择项目时应注意：①肌肉运动的供能方式应以有氧为主。②应让全身大部分肌肉群参加节律性的运动，运动进行中，心率需要维持在相应的水平并保持20分钟以上。③对不常运动的人来说，健身内容应该满足简单易行、趣味性高的要求，运动以周期性计划为主，这能帮助健身者长期坚持。④运动类型要兼顾个人习惯和爱好，既要有规律又要有所变化，还能避免长时间单调运动引起的疲劳或抵触。

不同年龄阶段适合的运动项目有所不同：20岁左右适宜长时间的有氧运动和高强度无氧运动，如跑步、拳击、各种对抗性强的球类运动以及大重量的器械训练；30岁左右可进行攀岩、登山、武术等强度较大的运动；40岁左右可选择羽毛球、网球、游泳、乒乓球等强度适中又可以锻炼全身肌肉的运动；50岁左右适合太极拳、高尔夫球等较温和且锻炼耐力的运动。

（二）运动强度的控制

一般用心率作为衡量运动强度的指标。健身运动最大心率 =（220- 年龄）×80%。最大心率随个人的身体健康状态而有所变化。安全心率一般是最大心率的 60%~70%，适宜于运动新手和心脏康复者。

低强度运动：健步走，适于一般的健身者；低至中等强度运动：健身跑、健美操，适宜于健身和瘦身者；中等强度运动：长跑，适于需要改善心血管功能者，此类运动还有助于提高耐力素质；大强度运动：快跑，适宜于运动员。

低强度运动　　低至中等强度运动　　中等强度运动

（三）运动时间及频率

从生理学来说，5 分钟是健身耐力运动所需的最短时间，

60 分钟对于坚持正常工作的人是最大限度的运动时间。所以健身运动不能少于 5 分钟，一般控制在 15~60 分钟为宜。运动强度和时间共同决定了运动量：中老年人可进行长时间、低强度的健身运动；健康成年人可采取长时间、中等强度的健身运动；体质弱而时间多的成年人可采取长时间、低强度的健身运动；体质好而时间少的成年人可采取短时间、稍大强度的健身运动。

运动频率分为 1 次 / 周，2 次 / 周，3 次 / 周，4~5 次 / 周。1 次 / 周：每次运动后都有肌肉酸痛，两三天后身体的反应就消失了，下一次运动等于重新开始，没有运动蓄积的效果。2 次 / 周：运动后机体的疼痛与疲劳程度会有所减轻，运动的效果也会有一点积蓄，但不显著。3 次 / 周：最初会感到肌肉酸疼、疲劳，但会逐渐减轻，适应锻炼效果优于 1~2 次 / 周。因此，有条件的锻炼者最好每周锻炼 3 次。4~5 次 / 周：只要本人能适应，锻炼效果还会相应提高。

第五节　老年人（60 岁以上）的科学健身

一、老年人的生理特征

进入老年阶段后，人体外观形态变化非常明显，一般表现为须发渐白、逐渐稀疏；皮肤含水量下降，皮肤松弛、弹性下降、出现皱纹等；同时有色素沉着，即出现褐色斑（老年斑）；此外，老年人在思维和运动能力等方面表现出反应迟钝、记忆力下降、动作迟缓等特点。老年人机体组成成分中代谢不活跃的部分比重增加，比如 65 岁与 20 岁相比，体脂多出部分可达体重的 10% ~ 20%；而细胞内水分却随年龄增长呈减少趋势，造成细胞内液量减少，并导致细胞数量减少，出现脏器萎缩。老年人器官功能减退，尤其是消化吸收、代谢功能、排泄功能及循环功能衰退，如不加以适当调整，将会进一步促进衰老过程的发展。

二、老年人的健身误区

错误的健身方式往往会带来与预期相反的效果，不仅花费了时间，甚至还有可能伤害身体，以下就是常见的老年人健身误区。

（一）散步遛弯也能起到很好的效果？

【案例】新光小区的王奶奶平时没有什么兴趣爱好，没事就喜欢出去走走，在平时聊天的过程中，常听身边的朋友说起每个人都在锻炼身体，计划怎样去健身，怎样按照计划执行，现在的精神状态比原来都好了许多。王奶奶也计划着每天饭后出来走动锻炼，可持续一个月下来，并没有很好的成效。

【点评】在老年人群中流传着这样一句话：饭后走一走，活到九十九。因此，很多老年人都认为饭后出去走一下就能起到很好的锻炼和健身效果。值得肯定的是，趁着饭后时间锻炼一下身体是很好的选择，但对于那些想要提高自己身体机能的老年人来说这还远远不够。想要达到健身目的，必须有科学和正确的行走姿态、行走时间、锻炼强度。应该多注意平时走路的步伐，主动用力加大步伐，让腿部更多的肌肉、神经参与进来，才能起到有效地锻炼身体的作用。

（二）晨练比暮练好？

【案例】吴大爷坚持每天晨跑，但每次跑完都会感到头晕，他觉得可能是自己身体不行，再加上头晕的症状只有跑完后的一段时间出现，所以就没有太注意。

【点评】很多人认为"早上起来锻炼是最好的"，这是一个错误的认识。就案例中吴大爷出现的情况，相比于一天中的平均血糖而言，早晨的血糖水平比较低，如果在血糖较低的情况下又不补充能量还继续运动，可能会出现低血糖症状，这就是吴大爷会头晕的原因。如果要在早晨锻炼的话，一定要在太阳出来以后，大概时间为早上的六七点钟，并且要吃少量且适量的早餐，防止血糖过低。其实，黄昏才是体育锻炼的理想时间，因为黄昏时的心跳、血压最平衡，嗅觉、听觉、视觉、触觉最敏感，人体的应激能力是一天中的最高峰。

（三）不用制订专门的计划，跟着别人一起运动就好了？

【案例】夏大妈平时在家带孩子，没有太多的时间出去锻炼，走到哪都是带着孩子一起，偶尔有一点空闲时间就喜欢跟着其他的大妈们一起锻炼，别人做什么夏大妈就跟着做什么。因为在她看来，大家都是老年人，既然他们能做这样的锻炼，她也可以，也省得自己单独去做锻炼计划，大家一起锻炼还热闹一些。一段时间后，夏大妈感觉并不好，全身酸痛，一点力气也没有，认为健身对自己身体也没什么用，于是便放弃了。

【点评】进入老年期以后，身体适应外界的能力慢慢减弱，每个人的锻炼都应有自己的标准，要根据自身的确切情况制订适合自己的锻炼健身计划，千万不要盲目跟风，看见其他人在锻炼也跟着一起锻炼，这样不仅不能起到锻炼的效果，还可能会伤害身体。老年人的身体没有年轻人那么有活力，一旦身体受伤恢复起来也比较慢。所以，如果老年人想要健身，一定要根据自己的实际情况制订相应的计划表，正确健身锻炼。

三、老年人科学健身方法

（一）确立健身目的

老年人的健身目的基本可分为两类：为了养生，保持更好的身体状态；消除身体隐患疾病，之前患病所留下的后遗症可以通过加强身体素质来得到很好的缓解。

（二）选择运动项目

针对老年人不同的健身目的，可选择不同的运动项目。

（1）太极拳，以内养外祛病强身，对腰部的锻炼比较明显，补充气血，疏通经络，修身养性。

（2）慢跑，可以加快老年人身体的新陈代谢，促进体内有毒物质的排出，缓解心理压力，还能改善肠胃功能，促进营养吸收。

（3）跳舞，长期坚持跳舞可以增加肺活量，减少慢性病发生的风险，提高身体的柔韧性、灵活性、协调性，改善身体机能，舒筋活络，排毒养颜。

（4）游泳，老年人经常游泳可以增加肺活量，增强关节与关节之间的柔韧性与连接协调性，并可以放松肌肉。

（5）骑自行车，增强体魄，锻炼肌肉，加强身体素质，还可以增加肺活量。

（6）篮球、羽毛球等球类运动，适量的球类运动对老年人的身体非常有益，相当于力量训练，可以强健身体。

（7）八段锦，以上肢运动为主，同时有少量躯干运动和头颈运动，特点是能加强四肢力量，使胸部肌肉发达，有助于防治脊柱后凸和圆背等。

（8）下棋，打牌等休闲娱乐，适量的此类活动，可以活动大脑，减少老年痴呆的发生率。

（三）确定运动强度

在保证能够达到运动目标效果，同时也不会使身体受到伤害的情况下，可以将运动强度分为三个等级（低强度、中等强度和较大强度）。这个标准是通过身体运动的耗氧量来划分的，耗氧量越大，运动强度就越大。根据有临床意义的方法测量比较麻烦，因为运动时心率与耗氧量成正比，所以在实际运动中常用心率的变化作为衡量运动强度级别的指标。

【案例】一位患有冠心病的老年人，想要做一些低强度的运动来达到锻炼健身的目的，以下便是确定心率的公式：数自己的脉搏 15 秒钟 ×4= 每分钟的心率。需要注意的是，这种方法只适合无心律失常的老年人！低、中等强度运动时最高的心率分别为 100 次 / 分、100~120 次 / 分。一般来说，冠心病患者从事低至中等强度的运动即可达到锻炼的目的。

（四）确定运动次数

对老年人而言，平均每周运动 3~5 次为宜。过高频率的锻炼往往会对身体造成伤害。不过运动次数也因人而异，有的老人身体健硕则可以适当增加次数，如果刚开始科学健身，还是建议从低频次起，逐渐增加次数。

（五）确定运动时间

对老年人而言，每次运动时间在 30~40 分钟即可。包括准备运动 5~10 分钟；正式运动时间 15~20 分钟，此期间可达到最高心率的 90% 左右；整理运动 5~10 分钟。

一般来说，运动后收缩压轻度增高 (但不超过 20 毫米汞柱)、心率增快 (但不超过 20 次 / 分钟或活动中最大心率不超过 120 次 / 分钟) 属于正常现象。但如果在运动的时候出现头晕、恶心、胸闷等症状，运动后全身酸痛或失眠，提示运动强度过大，应该在下次运动时减量或暂停运动。

四、注意事项

（1）做好充分的运动前准备。在运动前一定要做好准备工作，比如热身运动，这样才能唤醒肌肉，进而提升运动表现。

（2）忌项目过多和时间过长。每个人的体质是不同的，进入老年期以后，老年人之间的身体差异更大，有的老年人身体健康且还没有患慢性疾病，他们的锻炼时间就可以相对长一些，但即使身体硬朗，运动的时间也不宜过长，每天30~40分钟为宜。

（3）忌运动后立即坐躺。运动的时候血液流动速度加快，如果运动后立刻坐下或者躺下，会阻止下身的血液回流，影响整个人体的血液循环，血液流通受阻会加深肌体的疲乏感，严重的时候可能还会引起重力性休克，所以运动后需有慢跑来缓解身体的状况，让血液流动速度降下来。稍作休息的时候，应随即用柔软毛巾擦抹身上的汗水，避免着凉，不要躺在地上，避免身体受潮寒，诱致风湿性腰痛或关节疼痛。

（4）忌大量饮水。运动会大量排汗，体内的水分流失需要及时地补充，但千万不要大量饮水。运动后饮水过多会使人体水盐平衡遭到破坏，因此建议运动后补充适量的淡盐水。

（5）忌在污染环境中锻炼。运动的时候会大口地呼吸，如果置身于空气质量差的环境中，极易伤害呼吸道，引发呼吸系统疾病。因此，最好选择在气流通畅、阳光充足的地方进行锻炼。例如，在空气新鲜的山林、喷泉附近或海滨区域锻炼，可纳入"空气维生素"——负离子，改善呼吸系统功能，加强新陈代谢，促进血液循环，调节神经系统，消除疲劳，锻炼身体的同时，也放松了身心。

（6）运动期间也要遵循自己的生活规律。切不可盲目运动，为了运动不休息或者为了减肥过度节食，都是不可取的，一定要在正常生活规律的基础上，安排合理的运动。

参考文献

［1］耿瑞楠，马鸿韬，宋冰. 大健康背景下科学健身的现状、困境与解决路径［J］. 长治学院学报, 2021, 4(38): 71-74.

［2］张清玲，郑劲平，袁本通，等. 学龄前儿童用力肺活量测定的质量控制分析［J］. 中国实用儿科杂志, 2006, 4(21): 259-264.

［3］鲍明晓. 贯彻《体育强国建设纲要》，办好人民满意的体育事业［J］. 体育科学, 2019, 39(9): 3.

［4］赵勇. 千方百计破解"健身去哪儿"难题［N］. 中国体育报, 2017-07-28.

［5］龙佳怀，刘玉. 健康中国建设背景下全民科学健身的实然与应然［J］. 体育科学, 2017, 37(6): 91-97.

第二章
特殊人群的科学健身

第一节　女性的科学健身

一、月经期间的科学健身

（一）月经期藏着什么秘密？

【案例】8 岁的小明有一个比他大 10 岁的姐姐，每月的第一个星期小明都特别乖巧，生怕惹姐姐生气。小明说姐姐每月的这个时候都会"生病"，不爱吃饭，脾气也格外不好。

【点评】月经不是"病"。月经是指子宫内膜失去了性激素的支持，伴随卵巢周期性排卵而出现的子宫内膜周期性脱落及出血。月经期间通常会伴随乳房发胀、腰酸、食欲不振、嗜睡、头痛、腹泻等症状。所以在此期间，女性烦躁和忧郁都属于正常现象。

我们把月经来潮的第一天到下一次月经来潮的第一天这个期间称为一个月经周期，一个月经周期一般为 28 天左右，月经来潮是生殖系统功能渐趋成熟的重要标志，也是女性性成熟及青春期发育的重要标志，初潮期后月经逐渐进入周期性来潮。

（二）月经期间不能运动健身吗？

【案例】小静是一名朝九晚五的"90后"上班族。她平时都会在下班后去健身房锻炼一到两个小时再回家。但她有一个原则，就是月经期间绝对不去健身房，因为她从杂志上看到"月经期间要多休息，不能过于劳累"。可是尽管如此，她在月经期间还是会经常出现严重的腰酸腹胀等症状，并常有重度不舒适感。

【点评】月经期间是可以参加运动健身的，适当的健身对经期女性身体有益，可以放松神经，减轻经期的一些不适。

适当的健身可以提高女性的身体素质，在一定程度上改善身体功能和状态。在月经期间参加运动时，腹肌、盆底肌收缩与舒张交替进行，可以对子宫起到一定的按摩作用，促进体内经血完全排出，降低罹患妇科疾病的风险。

（三）月经期间什么可做，什么不可做？

【案例】小杨平日里最喜欢约上三五个好友去打羽毛球。可是今天她约朋友时却被拒绝了，朋友说自己正处于月经期，不能打羽毛球。小杨觉得很疑惑，因为她经期的时候照常打羽毛球也没有什么不适感，反而觉得身心舒畅。

【点评】广播操、乒乓球、羽毛球、排球等活动都是非常适合女性在月经期间做的运动。这些运动不仅可以减轻盆腔充血现象，还有助于经血的排出。但是经期运动需要特别注意减少运动量、控制运动时间。但对于有经血量不正常、经期不准、痛经和患有内生殖器官炎症等疾病的女性应该暂时停止运动。

月经期间三不宜：

（1）不宜游泳或盆浴。月经期间由于子宫内膜周期性脱落及出血，子宫内形成了较大的创面，宫颈口较平日略为开大，游泳或盆浴时，水中的病菌可能侵入内生殖器官从而引起炎症。此外，在月经期间游泳或盆浴易使子宫受到冷刺激和热刺激，从而引起卵巢功能紊乱，导致月经失调。

（2）不宜做剧烈的、震动大的动作。疾跑、跳高、跳远等剧烈的和震动大的跑跳动作易使子宫受到过大的震动，严重时还会导致子宫的位置改变。

（3）不宜做屏气和静力动作。推铅球、后倒成桥、收腹、倒立、俯卧撑等屏气和静力性动作会使腹压快速增高，造成经血过多。

二、妊娠期的科学健身

（一）什么是妊娠期？

妊娠期也称怀孕期，是指女性从受孕到分娩的整个时期，一般为 280 天左右。妊娠期间，由于胎儿发育，女性的身体需氧量、血液循环量都会增加，相应的心脏负担也会加重，鼻、咽等处易发生感染。妊娠后期，由于过度增大的子宫推挤横膈向上，使肺部受压及膈肌活动幅度减小，常有呼吸困难。妊娠晚期由于腹部肠管被子宫压迫，常发生便秘。增大的子宫会压迫输尿管导致尿滞留，易发生泌尿系统感染。

（二）妊娠期只需要静养不需要运动吗？

【案例】王某是一位准妈妈，已经怀孕 4 个月了。全家人都全心全意地照顾着她，还特意请了一个专职保姆，基本上所有事情都不让王某动手，只需要她好好养胎。王某每天最大的运动就是在客厅走两步，但她觉得越来越累，腿脚也越来越使不上力。

【点评】妊娠期间不运动只静养是大家普遍存在的一个认识误区，是不可取的。其实，进行适度的科学健身不但可以增强孕妇的体质，还可以保障胎儿的正常发育。在分娩过程中和产后恢复期间，腹肌和会阴部的肌肉力量都发挥着极其重要的作用。通过运动对腹肌和会阴部进行锻炼，不仅可以增强肌肉力量，益于分娩的顺利进行和产后的恢复，还可以预防和矫正子宫位置不正。但需要特别注意的是，有前置胎盘、妊娠高血压、早期宫缩、羊水早破等情况的准妈妈只宜静养，不宜运动。

（三）妊娠期适合做哪些运动？

【案例】阿君是一名游泳运动员，参加过省里大大小小的各种比赛。此时她再次成了游泳池中的"亮点"，因为她已经怀孕4个月了。家里人曾劝阻阿君怀孕了就不要再游泳，但阿君仍然坚持三天去一次游泳馆，在水中慢慢地游。每次游完她都觉得身心舒畅，全身的肿胀感也没那么强烈了。

【点评】慢游泳、散步、低强度的有氧健身操、瑜伽操等都是适合妊娠期进行的运动，但也必须采用科学的方法。当出现头痛、过度疲劳、身体过热、脱水、子宫收缩、头昏眼花、呼吸困难、腿部肿胀、肌肉乏力、阴道流血或者羊水外泄、感觉不到宝宝存在等症状时，应立即停止运动，并尽快告知医生。

三、围绝经期女性的科学健身

（一）围绝经期真的很"可怕"吗?

【案例】张阿姨女儿的朋友圈更新了一条动态:今天妈妈太可爱了,刚进家门就大吼大叫,生气跺脚。一问才知道原来是出去逛街选中的衣服竟然没有她可以穿的尺码了。家里人忙着劝她,她却说:"别理我!更年期呢!"你们的妈妈围绝经期也像小孩子一样发脾气吗?

【点评】围绝经期其实并不"可怕",它是一个正常的生理过程,是由中年期向老年期过渡的一个特定时期,受女性的激素水平、生化环境和心理状态变化影响。一般女性在45~50岁进入围绝经期。在此期间,女性的内分泌系统及整个机体将发生一系列的改变。围绝经期的主要症状有头晕、眼花、出冷汗、心慌、心律不齐、血压不稳等,还会出现情绪易于激动、不稳定等问题。虽然这些围绝经期症状是"中年向老年过渡阶段的正常生理现象，不应视为疾病"，但如果对围绝经期的情绪处理不当，可能会导致抑郁症等心理疾病，因此应该引起足够的重视。

（二）"广场舞"到底有什么魔力？

【案例】刘阿姨，47 岁，她常说："饭可以不吃，舞不能不跳。"刘阿姨每天吃完晚饭的第一件事情不是看电视，不是洗碗，而是去跳广场舞。刘阿姨说她每次跳完广场舞都神清气爽，感觉自己年轻了好几岁。

【点评】广场舞是一项很适合围绝经期女性的科学健身活动。但围绝经期女性还可以参与更多的健身活动，促进其身体健康，更好地度过围绝经期这一特殊时期。参加健身活动可以帮助围绝经期女性较快地建立起新的心理和生理平衡，使其精神保持放松，转移对围绝经期症状的注意力，从而减轻围绝经期症状。具体来说，围绝经期女性科学健身可以有效减轻围绝经期出现的头晕、眼花、出冷汗、心慌、心律不齐、血压不稳等症状，预防围绝经期糖尿病、骨质疏松等疾病，改善心肺功能，强健肌肉和骨骼。

（三）哪些运动适合围绝经期女性？

围绝经期女性适宜参加中低强度的有氧运动，如步行、跑步、骑车、游泳、跳绳、健身操、广场舞等。

有氧运动的特点是节奏性强、强度低、持续性高。有氧运动有很多益处，如增加雌激素、改善心功能、减肥瘦身、预防骨质疏松、促进血液循环等。在有氧运动的具体选择中，应优先考虑个人的兴趣和身体状况，以利于持之以恒地坚持下去，这样才能在运动和锻炼中体会快乐，促进身体健康。

（四）围绝经期女性遇到哪些情况不能运动？

【案例】王阿姨，50 岁，她和小区里的姐妹们准备在周六组织一场趣味跳绳比赛。周六早晨，王阿姨起床时觉得头昏脑涨，有点感冒，但她又不想毁约，于是吃了一粒家里备着的感冒药就去参加跳绳比赛了。距比赛开始还不到半个小时，王阿姨因头晕而实在支撑不住了。

【点评】在身体不适的时候应该暂停锻炼，绝对不能硬着头皮运动。围绝经期女性锻炼过程中遇到下列情况时应暂停锻炼：①由感冒、急性扁桃体炎等症引起的体温升高。②各种内脏疾病的急性发作期。③身体某一部位具有出血倾向。④运动器官创伤未愈（功能恢复锻炼除外）。⑤各种传染性疾病未愈。

围绝经期女性应依据自己的身体状况进行锻炼，以长期坚持为原则，以轻松的身体活动为基本内容，以自我感觉舒适为运动强度标准，选择有利于心理调节且自身感兴趣的运动项目，促使精神放松而愉悦身心；同时，建议在风景优美的自然环境中进行锻炼，以缓解心理压力，提高锻炼效果。

第二节　肥胖人群的科学健身

一、走近肥胖，了解肥胖

（一）长得胖就是肥胖症吗？

【案例】范某，32 岁，十余年前开始发胖，平时食欲较好，喜荤食、甜食及油炸食品。范某长期感觉自己有关节疼痛、走路气喘。他曾尝试采取控制饮食、加强运动及中医针灸等方法控制体重，无奈效果不佳，其后范某体重持续增加，最高时达到 120 千克，最终经医生诊断为肥胖症。

【点评】我们在大街上看到越来越多的人挺着"啤酒肚"，也看到小学里越来越多的"小胖墩"，胖子们无处不在，但是长得胖就是肥胖症吗？其实不然，世界卫生组织将肥胖定义为是体内脂肪积累过多导致健康损害的慢性病，当人体进食热量多于消耗热量时，多余热量以脂肪形式储存于体内，其量超过正常生理需要量，且达一定值时遂演变为肥胖症。在现代生活中，随着人民生活水平的提升，患有肥胖症的人也越来越多。

（二）肥胖如何夺走了我们的健康？

【案例】小华，15 岁，贪吃且不爱运动。从 13 岁开始，小华的体型开始横向发展，现在的他已然成了一个体重 106.5 千克、身高 170 厘米的"小胖子"。因为肥胖，小华在学校里非常自卑，不愿意与人说话交流，甚至产生了轻度抑郁的症状。

【点评】案例中的小华贪吃又不爱运动，因为肥胖，不但出现了健康问题，甚至产生了自卑情绪，拒绝与周围人交往。肥胖会给我们带来生理和心理上的诸多危害，从而一步步地损害我们的健康。生理上的危害首先表现为肥胖伴随的多种病症，如糖尿病、心肌梗死、脂肪肝、高血压、卒中、呼吸功能不全、骨关节炎等，女性肥胖症患者甚至会出现乳腺癌、月经异常、卵巢功能不全和子宫内膜癌等病症。其次，肥胖症患者在生活中会出现反应迟钝、运动能力显著降低的现象。此外，肥胖还会增加患者在进行外科手术时的危险性。心理上的危害表现为肥胖症患者容易产生社交恐惧症、抑郁症等症状。

（三）如何判断自己是否肥胖？

【案例】小张是某大学毕业生，不爱运动，身体发胖三年有余，夏季怕热，冬季怕冷。朋友提醒他注意体形，但他不以为然，没有对自己是否肥胖进行判断，同时继续食用垃圾食品。后来，小张出现了多种身体不适的症状，经医生诊断为肥胖症。

【点评】日常生活中，我们周围不缺乏"胖子"，那该如何判断自己是否肥胖呢？关于是否肥胖及肥胖程度的判定，我们常用的是"BMI 法"或"体脂百分比法"。

1.BMI 法

BMI 指数的计算公式为：BMI= 体重（千克）÷ 身高（米）^{2}。

中国成人居民的正常 BMI 指数为 18.5~23.9 千克 / 米^2，BMI 指数 24.0~27.9 千克 / 米^2 为超重；BMI 指数 ≥ 28 千克 / 米^2 则为肥胖。

2. 体脂百分比法

女性的体脂率计算公式：参数 a= 腰围（厘米）× 0.74；参数 b= 体重（千克）× 0.082+ 34.89；身体脂肪总重量（千克）= a–b；体脂率 = 身体脂肪总重量 ÷ 体重 × 100%。

男性的体脂率公式：参数 a= 腰围（厘米）× 0.74；参数 b= 体重（千克）× 0.082 + 44.74；身体脂肪总重量（千克）= a–b；体脂率 = 身体脂肪总重量 ÷ 体重 × 100%。

正常成年男性体脂率为 10%~18%，女性 15%~25%。随着年龄的增长，体脂占体重的比例也会有所增加。当男性体脂率大于 20%、女性大于 30% 时，即可判定为肥胖。

二、选择运动，拥抱健康

【案例】王小红，女，在校学生，身高 152 厘米，体重 135 斤，自述有嗜睡、打呼噜、乏力、提不起精神等不良症状。经检查，王小红血脂较高，同时患有脂肪肝、鼻腔狭窄。医生建议通过科学饮食和科学健身两个方面进行减肥，以消除病症。医生为王小红制订了两个计划，一是饮食计划：早上吃好，中午 8 分饱，晚上提前吃饭，以素食为主，且不吃太饱。二是运动计划：考虑到王小红是女生，不适宜做高强度运动，不然会加重膝盖以及心肺的负担，所以医生建议以有氧运动为主，每日坚持慢跑或快步走 1.5 小时左右，游泳 1 小时左右，骑自行车 40 分钟左右，可以随着计划的进行提高训练量。王小红在医生和教练的指导下，仅用两个月就瘦到了 120 斤，血脂正常了，嗜睡、打呼噜的症状也得到了缓解，人也变得开朗起来。

【点评】本案例中，王小红通过控制饮食加上科学健身，成功地摆脱了肥胖给她带来的不良影响。

现如今，随着我国社会的进步，人民生活水平的提高，在减肥方式的选择上，营养干预、运动干预等方式为更多的人所承认和接受。多数专家学者认为运动是最直接、最有效、最科学的减肥方式，尤其是针对不经常运动的肥胖者，适当的科学健身辅以合理的营养干预能有效控制脂肪的过度积累。所以，运动对肥胖人群十分有益。从身体层面来讲，运动有恢复心肺功能、缓解因肥胖产生的并发症、提高身体素质等好处；从精神层面来讲，运动能给肥胖人群带来更加积极的精神面貌和生活方式。

三、适度减肥，拒绝风险

（一）最好选择全身性的健身

【案例】小丽，20岁，在校大学生，常因为肥胖被周围人指指点点，为此她感到郁闷不已。长期被肥胖困扰的她，决定通过锻炼来改变自己。小丽在健身房里挥汗如雨，不过由于健身方式方法不当，一段时间后出现了膝盖损伤，小丽又陷入了新的苦恼。

【点评】有氧运动可以通过增加能量消耗减少体内脂肪的积蓄，使体内能量负平衡，从而达到减体脂的目的。研究发现游泳是各种有氧运动减肥的最佳途径，不仅可以充分调动身体的肌肉群和关节，利于消耗体内脂肪，还可以有效避免肢体或器官负荷过重。

（二）健身活动时需要注意呼吸

【案例】吴先生，30岁，从事IT行业，因缺乏运动导致发胖后选择锻炼减肥。一日在锻炼过程中突发气胸，经抢救后脱离危险。吴先生自述在运动过程中没有控制好呼吸，有憋气运动的情况。

【点评】肥胖人群在健身时，要将呼吸控制得规律、自然，不要过多过久屏气。随着年龄的增长，人体呼吸功能减弱，肺泡弹性下降，屏息运动不仅对呼吸相关肌肉有害，而且容易导致气胸或肺部、支气管出血。

（三）避免短时间大量运动和超负荷运动

【案例】王女士，33 岁，家庭主妇，因缺乏锻炼外加平日里喜欢吃垃圾食品，体重始终保持在较高水平。在丈夫的建议下，王女士选择通过健身来控制体重，恢复身体功能。由于想要追求快速瘦身，她便长期超负荷运动，在某次健身时，王女士突然晕倒，不省人事。

【点评】短时间大量或超负荷运动可能使心脏负荷过重，容易引发意外，如昏厥、骨骼变形和损坏等，因此，应避免短时间大量和超负荷运动。除此之外，突然向前倾斜、后仰或快速旋转等，也是肥胖人群在健身过程中不可取的动作。

（四）运动量的增加要有渐进性

【案例】郭某，男，42 岁，某公司经理。年轻的时候是远近闻名的帅小伙，后来因工作应酬，逐渐长出了"啤酒肚"，到如今，已然成了一个大胖子。在医生的建议下，他决定通过健身来帮助自己恢复健康。本着"一分耕耘，一分收获"的想法，郭某给自己定下了每天都比前一天多一些的训练目标。可是没过几天，郭某便因为身体出现剧烈的不适反应而不得去医院就诊。郭某甚至还纳闷：运动不是有好处吗，为啥我还会因此进医院呢？

【点评】肥胖人群在健身时，要时刻注意运动量，且运动量增加的速度不宜太快。开始运动后，一般有 10~14 天的观察反应期，这段时间内运动量保持略小或正常。若身体进入不适应期，即出现劳累、肌肉酸痛、食欲不振甚至睡眠稍差等状况时，可以在机体适应运动强度后再逐渐增加运动量。单次运动时间应该在 30 分钟至 1 小时，每日活动时间应该在 45 分钟到 90 分钟之间，可以根据身体情况逐渐增加负荷量。当负荷量增加后，需要给足时间缓冲适应，以避免身体出现各种副反应。

（五）拒绝做过度剧烈的运动

【案例】老罗，60 岁，身体发胖已 7 年有余，他同时患有高血压、脂肪肝等多种肥胖并发症。医生建议老罗科学健身，以缓解不良症状。于是老罗平日里就在小区球场上拍拍球，围着篮球场跑跑步。某天，小区有人在篮球场上比赛，老罗也参与其中，没想到跑了几个回合便晕倒在球场上。送医后他被诊断为心肌梗死，经抢救脱离危险。

【点评】篮球、足球、橄榄球等运动充满了速度感、力量感，运动过程往往非常剧烈，会使血液循环加快、血压急剧升高。而肥胖症患者常伴有糖尿病、高血压、冠心病等心血管疾病，或内分泌和代谢功能失调，过度剧烈的运动会增加心肌梗死和卒中的发生率，甚至会带来生命危险。

（六）避免带病健身

【案例】小蒋，男，17 岁，高中在读，常因肥胖感到自卑。小蒋下定决心改变这种状况，便开始了每天慢跑或快走的健身之旅。某天，小蒋感冒了仍然坚持在操场上慢跑，当他返回寝室后，就出现了头疼和发热的症状，室友赶紧将他送去了医院。

【点评】生病时，身体各器官的功能会比平时差。如果在患病期间仍坚持体育锻炼，会加速体能的消耗，使机体代谢旺盛，造成体温过高，进而使体内调节功能失常，既加重了心肺负担，又削弱了人体抵抗力。

四、科学健身，摆脱肥胖

（一）科学健身运动的形式、内容和方式

肥胖人群的科学健身应以中等强度（若体质较差者则采用低强度）、较长时间、全身性、节律性的有氧运动为主，

辅之以力量训练。

有氧运动是指人在氧气足够的情况下进行的运动。简单来说，有氧运动是指低运动量且充满节奏感的运动，其运动保持足够长的时间，强度保持在中等或中上的水平，如快走、慢跑、游泳、动感单车、健美操等。

对肥胖人群来说，适当的力量训练也是非常有帮助的。力量训练后，机体会持续保持大量氧气消耗，需要大量能量，而运动中过量氧耗的能量来源主要是脂肪，由此产生直接减脂的效应。此外，力量训练促进肌肉量增加，可以提高人体基础代谢率，而基础代谢的增加，也会从另外一个层面影响体内热量的消耗，从而达到减脂的目的。

（二）不同年龄段肥胖人群的健身

（1）肥胖儿童的健身。

运动项目：肥胖儿童减肥运动项目的选择以提升身体素质、促进全面发展为目的；尽量多采用儿童喜爱的运动，以保证运动的趣味性，同时需要注意运动中对儿童的保护。建议以慢跑、走跑交替为主，游泳、仰卧起坐等为辅。

运动强度：运动量需要高于1000千卡。倘若运动量过小，则减肥效果不明显；倘若运动强度过大，有可能导致心肺功能受损。

运动时间：每次运动的时间不应少于30分钟，运动前应有5~10分钟的准备活动，运动后应有5~10分钟的整理活动。

运动频率：调整体重期间，每天1次；达到理想体重后，每周3~5次。

（2）成年肥胖人群的健身。

运动项目：可选择慢跑、快步走、游泳、划船、体操、球类运动、健美操、爬山等。

运动强度：有多种判定方法，最简单易行的是心率测算。通常可以根据最大心率百分比来设定和监测运动强度，对于成年肥胖人群，运动时的心率范围应达到最大心率的60%~70%。

持续时间：锻炼时间应该持续 20~120 分钟， 以 45~90 分钟为最佳。

运动频率：调整体重期间应保证每日运动，后期一般以每周锻炼 4~5 次为宜。

运动时间：晚饭前两小时进行运动为宜。

第三节　残疾人的科学健身

一、残疾人的世界

（一）残疾人的含义是什么？我们身边的残疾人数量庞大吗？

残疾人是指肢体、精神、智力或感官有长期损伤的人。

这些损伤与各种障碍相互作用，可能阻碍残疾人在与他人平等的基础上充分切实地参与社会活动。

全国残疾人抽样调查的主要数据结果显示：我国各类残疾人的总数为 8296 万人，占全国总人口的比例为 6.34%。这个数据还不包括大量未登记领取残疾人证、日常生活中需要使用辅助器具的非残疾人，更不包括短期受伤，或是其他使用日常生活设施有困难的人群。据世界卫生组织估计，全球 15% 的人口带有某种形式的残疾。由此可见，我们身边的残疾人数量是相当庞大的。

（二）残疾人拥有怎样的身心特征？

1. 身体损伤与活动限制

【案例】10 岁的军军从小就是跑步能手，每年学校的春季运动会，都是他大显身手的好时机。然而天有不测风云，一次放学回家的路上，岔路转来的大卡车使他永远失去了左腿。虽艰难康复，小军却不得不接受他再也不能在运动会上"风驰电掣"的事实了。

【点评】无论是先天缺陷，还是后天意外，所带来的身体损伤，即身体功能、结构上显著的差异与缺失，都将使残疾人个体在参与社会活动中遭遇困难，甚至直接面对"禁止参与"的活动限制。例如，肢体残障者在参与跳远、排球等需要各肢体协调的运动时，会受到极大的限制。

2. 感知差异与记忆延缓

【案例】患有先天性听觉障碍的小山，在妈妈教他认识新鲜事物时总是容易走神。一次偶然的机会，朋友送的风铃让小山妈妈有了主意，她想通过轻盈的风铃声告诉小山风铃的魅力。然而，小山由于听不见铃声而无法理解妈妈的动作，在多次重复唇形后，小山的发音仍然生硬，这让小山妈妈很难过。

【点评】残疾人由于受到身体缺陷的影响，对外界感知能力较差。对于有听觉障碍的人，听觉方面的缺陷会使其在相应对象的声音特征上难以做出反应，其在感知范围和速度上也会受到一定的限制。相比之下，视觉障碍者最突出特点是视觉部分或完全丧失，而听觉功能显著增强，同时触觉和肌肉运动功能发展充分。

此外，残疾人的学习和记忆特点也与正常人不同。例如，听觉障碍者记得慢、忘得快，但视觉形象记忆能力优于普通人。

3. 思维局限与情感缺陷

【案例】在听妈妈读到《假如给我三天光明》这本书时，小海诧异竟然有人的遭遇和自己如此相似。幼年的一次高烧使小海视觉神经受到损伤，双目失明。当同龄人在室外肆意奔跑的时候，他却只能在家里独自忧伤。一次课堂上，老师要求同学们画出自己所见过最美的蝴蝶，小海听到大家激烈的讨论，而自己脑海中连蝴蝶的模样也刻画不出，产生了深深的自卑感。

【分析】残疾人生理上的缺陷使他们在思维发散中缺少对相关部位的感知，如视觉障碍者由于无法将目光投向光明的世界，便无法描绘事物的具体形态。残疾人的语言由于缺乏感性形象的奠基，其思维活动的顺利进行必然受到影响。同时，由于参与社会共同活动困难，残疾人对外部刺激十分敏感，表现为缺乏自信心，经常有孤独、自卑甚至忧郁的情绪。从长远来看，这将导致残疾人自我思维的禁锢，对其身心健康发展非常不利。

二、残疾人与健身的距离

（一）健身大门对残疾人敞开吗？

经国务院批准，从2009年起，每年8月8日为"全民健身日"。"全民健身日"对我国群众健身活动的开展起到了重要号召作用，也为残疾人健身活动的开展奠定了舆论导向。

在"全民健身日"的影响下，中国残联每年都会组织开展相关活动，要求各地结合自身情况，充分挖掘和利用当地资源，普及残疾人健身知识，广泛开展残疾人体育锻炼。大量残疾人健身活动的开展不仅利于残疾人改善机体功能、避免残障化进程，还能丰富残疾人的闲暇生活、帮助其放松身心和调节情绪、提高残疾人的生活质量水平。

（二）残疾人健身风险多？

【案例】小奇出生时便没有双腿，面对周围人异样的眼光，他曾一度感到十分抑郁和痛苦。一次偶然的机会，他结识了健身教练阿强，阿强不但没有嘲笑他，反而耐心鼓励小奇通过健身强健体魄，逐步建立自信。心急的小奇迫不及待地想加入健身大军，却被阿强阻止了。面对小奇的疑惑，阿强笑而不语。

【点评】残疾人作为特殊群体，在参与科学健身的过程中，更应做好全面充足的准备。首先，由于残疾人丧失了某些生理上的组织功能，影响了其活动范围和能力，因此在参加健身活动之前，必须先正确了解自己的身体机能，并检查分析自己的身体情况。其次，残疾人在参加健身的过程中，要注意根据自身的实际情况随时调整活动内容，严格控制运动强度和运动量大小。

三、残疾人健身大作战

（一）每一个视力残疾人都是黑夜小猎豹？

【案例】家族遗传因素使小芝自幼双目失明，但这位出生农家的小姑娘从小就果敢有魄力。当地残联动员她参与游泳项目的学习时，她稍加思考便答应了下来。作为盲人，小芝方向感极差且无法看到教练的示范。但小芝敏锐的听觉与较强的悟性弥补了这些先天缺陷，加之不断地努力，她很快便掌握了较为规范的泳姿。

【点评】人类感知世界、获得信息主要来源于视觉。而视力残疾人由于视觉缺损，即双眼的视野范围缩小或产生视力障碍，导致其感知和认识周围世界的能力下降。在以适应环境为目的的健身中，视力残疾人容易出现两种现象：一是抑制与排斥，相当大的自卑感可能会导致其对运动缺乏兴趣；二是冲动与浮躁，难以约束自己的行为。

因此，在视力残疾人的健身项目中，除了健身跑、健身操、盲人门球、柔道、跳绳、器械运动等一般性运动项目，还可以适当对视力残疾人的听觉器官与方向反应力进行针对性的训练。此外，视力残疾人在参加健身活动时，要充分考量其健康水平、运动兴趣和身体机能等基础条件，实行差异化健身。盲人的残余视力应注意特别保护，禁止或者慎重参与容易引起眼压升高的运动。

（二）听力残疾人也能成为节奏大师？

【案例】一场突发的流行性脑膜炎使年幼的小风失去了宝贵的听力，即使植入了人工耳蜗，小风也不愿多与人交流，更别说参与班级活动了。可那年夏天的趣味运动会期间，班级里一名参赛队员生病住院了，面对凑不齐队员就要弃赛的局面，老师提议让孤僻的小风参与进来。更出人意料的是，在"兔子蹦蹦跳"的环节中，不知节奏感为何物的小风在老师的手势节拍下竟也快速准确地跳过了障碍物，帮助班级赢得了比赛，获得同学们的一致称赞。

【点评】听力残疾是指各种原因导致的双耳不同程度听力受损或丧失，听不见或听不清周围环境声或言语声。相较其他机体功能缺失的残疾人，听力残疾人适宜参加的健身项目基本与健全人一致。听力残疾人可根据个人的兴趣爱好、健身的场馆资源等选择适合自己的体育项目，如篮球、排球、足球、乒乓球、羽毛球、游泳等；有条件的听力残疾人还可以参加各类冬季滑雪、滑冰项目。除了一般性健身活动，听力残疾人还可以针对自身缺陷，进行针对性的训练，以加强其对社会的适应能力。

（三）如何照亮智力残疾人的心灵荒原？

【案例】由于母亲怀孕时营养不良，小鹏出生时便被诊断为三级智力障碍。即使家人悉心照料，小鹏也只能部分生活自理，主动步入社会、参与社会活动则更是难上加难。后来，小鹏的母亲在一个电视访谈节目中接触到关于智力障碍儿童康复训练的知识，便和与她有着同样遭遇的小智家长一同开办了一个"星星天使的声音"康复活动园。他们在多方请教下，开发出了"小象飞鼻"（小朋友们抓住彼此手臂形成圆圈，根据老师指令向不同方位转动）、"眼睛舞蹈"（舒缓音乐伴奏下的新型眼球律动操）等有健康训练性质的游戏，助力智力障碍儿童成长，也获得了社会各界的广泛赞誉。

【点评】智力残疾是指人的智商明显低于一般人的水平，并显示出适应行为障碍，难以融入正常的社会生活。智力残疾人在科学健身中，可通过适当的刺激，使其身体各机能向健全人靠拢。

首先，在智力残疾人学习动作技能时，若影响神经冲动快速准确传递的某个环节存在缺陷，将不利于动作技能的掌握，因此，应提高智力残疾人的反射弧功能，即提高其对外界的知觉能力。

其次，视觉和触觉在学习动作技能中的重要作用应当受到充分重视。由于大脑受到损伤，智力残疾人在视觉、触觉、听觉能力上的表现比常人要差，而在动作技能的学习中，听觉缺失的弱势将被放大。因此，简单、生动、形象的语言解释更容易被智力残疾人所接受。

最后，注意应有一定的运动负荷，使机体保持一定的紧张度。只有丰富合理的练习手段、练习方式，才能诱发智力残疾人的学习兴趣，使他们保持专注。此外，由于智力残疾人身心特征的个体差异显著，练习时应从个体实际出发，遵循循序渐进的原则，制定差异化的训练方案。

（四）做一个圆梦赛场的肢体残疾人

【案例】19 岁时，小明为救心爱的宠物猫而摔下阳台，导致右腿截肢。无数次痛苦的煎熬与自我怀疑后，小明擦干眼泪，开始与命运抗争。在中国残疾人运动会召开之际，凭借儿时对乒乓球运动的热爱，小明毛遂自荐。即使缺失右腿的她行动不再灵活，但她仍然凭借着超强的毅力刻苦训练，最终杀进决赛，圆梦于乒乓球赛场。

【点评】肢体残疾是指由于肢体的不完整、畸

形、瘫痪而引起人体运动功能丧失或功能障碍。对于一般的肢体残疾人的科学健身，可以根据其身体机能恢复的具体情况，适当发展举重、健身操、轮椅篮球、田径、游泳、射击、骑行、乒乓球、轮椅网球等运动。同时，如果想要对肢体残疾人进行有针对性的康复训练，那么训练与活动的首要任务之一便是恢复运动功能，可以加强肌肉力量训练、关节活动度训练、运动协调训练和步行训练等。

参考文献

［1］王英慧，马迎红，阎驰．女大学生月经初潮年龄与高血压前期的相关性［J］．中国学校卫生，2022, 43(1): 117-119.

［2］王凤云．孕期常见症状护理举隅［J］．吉林中医药，2006, (6): 33.

［3］周安芹．女性更年期症状及保健需求的定性研究［J］．临床医学研究与实践，2016, 1(27): 116-117.

［4］郭丽，刘春，巩爱玲．更年期综合征的研究进展［J］．中国当代医药，2019, 26(33): 21-23.

［5］谢慧.体育锻炼、心理干预联合应用对妇女更年期保健的影响分析［J］.中国社区医师,2021,37(3):173-174.

［6］吴雪琴,黄芳铭.肥胖症患者如何科学减重［N］.中国食品报,2021-09-01(3).

［7］戎淼锋,赵验生.浅析游泳运动与减肥［J］.湖北广播电视大学学报,2012,32(6):158-159.

［8］梁洪芳.有氧运动对肥胖症患者体重、血脂水平的影响［J］.内科,2017,12(3):406-407,318.

［9］吴中朝.减肥期间应选择什么运动?［J］.中医健康养生,2016,(5):18.

［10］丁钰睿.残疾人社会融入问题研究——以南昌市凤凰社区为例［J］.经济研究导刊,2016(19):41-42.

［11］彭波,赵晓玲.全民健身日研究［J］.体育文化导刊,2010(5):19-21.

［12］李彤彤.残疾人体育健身相关问题研究［J］.科技资讯,2019,17(5):255-256.

第三章
常见疾病患者的科学健身与康复疗法

第一节　常见疾病患者的科学健身

一、糖尿病

（一）什么是糖尿病?

糖尿病是由胰岛素分泌减少或胰腺功能减弱引起的，以空腹血糖水平升高（如高血糖）为特征的一组内分泌代谢性疾病，由遗传和环境因素相互作用而引起，病因和发病机制尚不明确。常见临床症状为"三多一少"：多饮、多尿、多食、体重减少。按照病因，糖尿病可分为4种类型：1型、2型、妊娠期糖尿病、其他特殊类型糖尿病（例如由药物所致），其中以2型糖尿病为主，约占糖尿病总患病率的90%。糖尿病健康管理的基本方法是运动疗法、饮食疗法，配以药物治疗，控制血糖水平，减少糖尿病及其并发症的发生率。

（二）糖尿病患者的运动需要注意什么?

【案例】张某，糖尿病患者，常觉得自己吃了早饭后，胃沉甸甸的，不能进行运动，所以每天早晨他都会空腹进行长时间快跑，并认为这样能使他的身体更加健康，但每次跑完后他都会心率加快、手脚发麻。而同住一个小区的王某，也是糖尿病患者，他的健身方式是在社区里和朋友们打太极拳，修养身心，每天晚饭后再和家人一起散步。

【点评】糖尿病患者在运动前和运动后都应该进行血糖监测，这样能避免意外的发生。张某健身的方式并不科学。首先，空腹晨练容易使血糖波动引起低血糖；其次，早晨的空气质量不好，氧气含量也较低，清晨的冷空气易刺激交感神经，可能会增加心脑血管疾病的发病风险；最后，糖尿病患者不宜进行高强度运动，如快跑，过高强度的运动可能会在 2~12 小时内诱发低血糖，造成身体损伤。适当的运动不仅能使糖尿病患者的体重减轻，还能改善心血管功能、延缓免疫系统老化、促进病人的适应性和劳动能力，提高糖尿病患者的生活质量，王某选择在饭后步行、打太极拳等，都是适合糖尿病患者的运动方式。

（三）糖尿病人应该怎样运动？

（1）运动要求。

持续时间：日常运动每次需持续 20~60 分钟；或者每次至少运动 10 分钟，每周累计达到 150 分钟的中等强度运动。每周累计 300 分钟及以上的中等强度运动会使身体受益更多。

运动类型：锻炼主要肌肉群的抗阻运动、有节奏的持续性有氧运动。例如步行、慢跑、游泳、骑单车。

频率：每周 3 次左右，每两次之间至少间隔 48 小时。

（2）运动时的注意事项。

运动前和运动后要进行血糖监测。

运动时间要考虑患者是否注射胰岛素和口服降糖药这两个因素。不建议在胰岛素活动峰值时运动，因为可能会诱发低血糖。另外，也不建议睡前运动。如果在傍晚运动，则需增加碳水化合物的摄入，以降低夜间低血糖症发生的风险。合理安排时间，尽量保持相同时间段进行规律性运动，有益于减少潜在的低血糖事件。

为预防运动诱发低血糖，运动前应根据血糖水平和运动强度调整碳水化合物的摄入量或胰岛素注射量。如果运动前的血糖 < 100 mg/dL（<5.55 mmol/L），应该多摄入 20~30 克的碳水化合物。避免在运动肢体注射胰岛素。腹部注射胰岛素能减少运动时引发低血糖发生的危险，可携带糖块以防运动后的低血糖。

（3）运动禁忌。

高强度运动：过高强度运动会在 2~12 小时内发生低血糖，对身体造成损伤。

在车流拥挤的道路上锻炼：因糖尿病患者对外界的环境刺激不敏感，可能会在身体觉察不到的情况下使神经系统受损。

二、原发性高血压

（一）什么是原发性高血压？

原发性高血压简称高血压，是动脉收缩压或（和）舒张压分别达到或超过 140 mmHg 及 90 mmHg，以动脉收缩压和舒张压持续升高为主要表现的临床综合征。动脉舒张压的升高主要是外周主动脉阻力增加所致，同时有不同程度的血容量和血输出量的增加。高血压会导致心血管疾病（CVD）的危险增加、脑卒中、心力衰竭、周围动脉疾病（PAD）和慢性肾脏疾病。晚期常导致心、脑、肾等脏器受累引发严重并发症。

（二）高血压患者的运动需要注意什么？

【案例】谢某，轻度原发性高血压患者。由于工作地点离家较近，他都是以慢跑的方式到达工作地点。最近他感觉压力特别大，所以决定休息一段时间。休假期间，他依然坚持晨跑，并放慢了生活节奏，还在空闲时间打太极拳，谢某感到自己的身体越来越健康了。

【点评】谢某的运动属于中低强度运动，是适宜高血压患者的。运动时心率最好达到最大心率的 60%~70%，通常 40 岁左右高血压患者的心率应控制在 140 次 / 分左右，50 岁左右应控制在 130 次 / 分左右，60 岁以上应控制在 120 次 / 分以内。高血压患者慢跑时的最大心率为 120~136 次 / 分钟，可选择每周 3 次或隔天 1 次，如果运动后第二天感觉精力充沛，那么可以适当增加运动时间以及运动强度。此外，太极拳也是适合轻度和中度原发性高血压患者的运动方式。

（三）高血压患者应该怎样运动？

（1）运动要求。

运动频率：最好每天进行有氧运动，每周进行 2~3 次抗阻运动。

运动时间：每天进行 30~60 分钟持续性或间歇性的有

氧运动。如果选择间歇运动，至少每次 10 分钟，每天累积 30~60 分钟；作为有氧运动的补充，可适当使用器械或自由重量的抗阻训练。运动量应由中低强度开始，根据病情和身体状况，选择适合自己的运动方式，运动时做到循序渐进，逐渐增加运动量，切不可迅速增加。

运动类型：以有氧运动为主，如步行、慢跑、游泳、骑自行车，并添加适当的抗阻训练。这些训练计划应该以 8~10 组主要肌肉群运动为目标。

（2）运动时的注意事项。

明确诊断为心血管病的患者，如缺血性心脏病、心力衰竭或脑卒中等，应在医生指导下运动。

三、慢性阻塞性肺疾病

（一）什么是慢性阻塞性肺疾病？

慢性阻塞性肺疾病（chronic obstructive pulmonary disease,

COPD）是一种以气流受限为特征的疾病，多与肺部对有害气体颗粒物的异常炎症反应有关，主要包括气管炎、慢性支气管炎和肺气肿等，常见症状为呼吸困难、慢性咳嗽等。

（二）慢性阻塞性肺疾病患者的运动需要注意什么？

【案例】唐某，慢性阻塞性肺疾病患者，每天晚饭后他都会进行锻炼。有时甚至刚放下碗筷就出门步行。在天气寒冷的时候，他更加喜欢运动，虽然每次运动后他都会觉得呼吸困难，身体不适，但他认为这样可以使自己抵抗寒冷。

【点评】慢性阻塞性肺疾病患者不能在饱餐后立即运动，可能会造成呼吸困难，因此唐某的做法不值得提倡。此外，在极冷或极热的环境中运动也会对患者的身体造成损害。慢性阻塞性肺疾病患者的运动应循序渐进，从短时间开始训练，初始运动时间设定为 5 分钟，再逐渐延长至 20~30 分钟，感到呼吸困难时应立即停止运动。对于中重度慢性阻塞性肺疾病患者，也可采取间歇运动的方式。

（三）慢性阻塞性肺疾病患者应该怎样运动？

（1）运动要求。

运动强度：控制为 50% 最大摄氧量，或者根据最大限度耐受相关症状来控制，当出现恶心、胸痛、头晕、呼吸异常困难、过度气喘、咯血等非正常症状时，应尽快就医。

运动频率：每周至少 3~5 次。

运动类型：步行、功率车、柔韧性训练。

（2）运动时的注意事项。

支气管痉挛者可先吸入支气管扩张剂再进行运动。

在运动过程中，每一个细节都应严格监控，防止呼吸性酸中毒和呼吸衰竭。

（3）运动禁忌。

在感冒发热时，避免剧烈运动。

四、哮喘

（一）什么是哮喘？

哮喘是可逆性的气道阻塞，临床上表现为反复发作性的喘息，呼气性呼吸困难、咳嗽等症状。对于哮喘患者，特别是运动性哮喘（exercise-induced asthma, EIA）患者，应当特别注意避免环境诱发因素，如寒冷、干燥、粉尘、可吸入污染物、化学物质等。

（二）哮喘患者的运动需要注意什么？

【案例】何某，哮喘患者，子女都在外地生活，他一人居住，因常感到孤独而选择运动以消磨无聊的时光。渐渐地，他爱上了运动，并经常搜集资料了解如何更好地运动。每次运动前他都会充分地热身，且不会在天气寒冷时运动，但由于他总是一个人运动，因此在感到身体不适时只能选择停留在原地等待他人帮助。

【点评】在运动前何某做了充分的热身，且避免在寒冷的环境下运动，这有利于哮喘患者的身体不受伤害。此外，哮喘患者应尽量避免单独户外运动，以防发生意外时无人救援。

（三）哮喘患者应该怎样运动？

（1）运动要求。

运动强度：一般以低中等强度为宜，运动时达到最大心率的 50%~85% 或最大摄氧量的 50%~80% 为宜。

运动频率：每周训练 3 次以上，每天可分 3~4 次进行，如果精神状态良好，体力充沛，可以考虑每天运动。

（2）运动时的注意事项。

为了预防运动诱发的支气管收缩，哮喘患者在运动开始前 15 分钟应使用吸入性支气管扩张剂（如喷雾 2~4 次），在增加运动强度前，先进行低强度的缓慢热身数分钟。

（3）运动禁忌。

当哮喘症状出现时，不能进行运动。患者宜放松，遵照医嘱执行处方，按时服药。

五、骨质疏松症

（一）什么是骨质疏松？

骨质疏松是以骨密度（bone mineral density，BMD）降低、骨组织微细结构变化，并伴随骨折易感性增加为特征的骨组织疾病。骨质疏松症给患者及其家庭带来负担，特别是股骨骨折，会增加残疾和死亡的危险。运动锻炼可通过肌肉张力的机械应激刺激成骨细胞，促进骨形成和骨重建，以维持或增加骨量和骨的弹性。通过增强肌肉力量和平衡能力减少跌倒等危险，降低骨质疏松性骨折的风险。因此，体育活动在预防和治疗骨质疏松中发挥着重要作用。

（二）骨质疏松症患者的运动需要注意什么？

【案例】贺某，患有骨质疏松症，他最喜欢的事就是和孙女比赛爬楼梯，但无奈年纪大了，总是输给孙女。但和孙女比赛步行，看谁走得更久时他就要远胜孙女了。但贺某发现自己有时走平路也会有要摔倒的感觉，他十分奇怪，这是什么原因呢？

【点评】爬楼梯和步行都是有氧运动，适宜骨质疏松症患者。贺某走平路时会觉得要摔倒是因为患有骨质疏松症的老年男性的跌倒风险增加了，所以在运动健身时要注意平衡能力的训练。

（三）骨质疏松症患者应该怎样运动?

（1）运动要求。

运动频率：每周应做 3~5 天的承重有氧运动，另外再加上 2~3 次抗阻训练。

运动强度：骨质疏松症患者应进行低中强度锻炼，以运动中及运动后出汗量正常，即使稍疲劳，休息后也能很快恢复为宜。中老年人以低强度、长时间的运动为佳，而强度较高的、短时间的多次反复运动对年轻人的健身更佳。

运动类型：有氧运动（如慢跑、游泳）、抗阻运动（如负重练习）、冲击性运动（如体操、跳绳）、振动运动（如全身振动训练）。

（2）运动禁忌。

避免爆发性和高撞击性运动，避免在坚硬地面上做高强度的跳跃，避免扭曲、弯曲和挤压脊柱的运动。

运动锻炼期间，避免使用影响骨代谢的药物，如类固醇激素等。

六、肩关节损伤

（一）什么是肩关节损伤？

肩关节周围炎简称肩周炎，又名冻结肩，是常见的肩部软组织疾病，会导致肩部疼痛和关节活动功能受限。起病原因较复杂，一般与轻度损伤和体质虚弱、代谢障碍有关，另一种常见病因为肩关节周围软组织（包括肌腱、韧带、滑囊）的慢性劳损。临床表现多为肩部疼痛，并有昼轻夜重的现象。

（二）肩关节损伤患者的运动需要注意什么？

【案例】肩周炎患者鲜某，从小喜欢运动，但后来因工作繁忙逐渐减少了运动时间，最后几乎不再刻意去运动。到了40岁以后，鲜某发现身体各部位逐渐出现疼痛现象且关节活动受限，去医院检查发现自己得了肩周炎，医生告诉他一定要多运动。鲜某心想，自己年轻时候运动得不少啊，为什么还是得了肩周炎？带着疑惑，鲜某又重新运动起来。不到一个月，他就感觉关节活动受限的症状好了很多，疼痛感也不那么明显了。

【点评】虽然鲜某年轻时经常运动，但随着年龄的增长，身体各组织和器官会出现不同程度的衰老，表现出肌肉松弛无力、关节疼痛酸胀、腰酸腿痛、耳鸣眼花、骨质疏松等症状。

肩周炎疼痛的原因之一是局部组织新陈代谢障碍，使代谢产生的废物不能有效清除，从而刺激局部神经出现疼痛和不适。重新健身运动后，新陈代谢和血液循环状况得到改善，此外，运动还能调整人体的神经系统，维持与改善组织器官的正常形态和功能。

七、腰椎间盘突出症

（一）什么是腰椎间盘突出症？

腰椎间盘突出症是较为常见的疾病之一，主要是腰椎间盘各部分出现不同程度的退行性改变，髓核组织在外力因素作用下，从破裂之处突出于后方或椎管内，使相邻脊神经根遭受刺激或压迫，从而导致腰部疼痛、一侧下肢或双下肢麻木疼痛等一系列临床症状。一般来讲腰椎间盘突出症分急性期和恢复期，科学的锻炼方法能达到治疗或缓解症状的效果，而不科学的锻炼会适得其反，使病情进一步加重。

（二）腰椎间盘突出患者应该怎样运动？

（1）运动方法。

腰椎间盘突出急性期需平躺在硬板床上卧床休息，恢复期即稳定期时可以做腰背肌功能训练，比如在床上或是地板上做燕子飞动作，或是五点法锻炼腰背肌功能，也可以游泳、骑单车。

急性期：建议患者避免久坐，睡觉以硬板床为主，避免弯腰，进行后挺、后伸训练。

恢复期：仰卧位时，可以使用三点法进行锻炼，即以头部、两脚为支撑，腹部向上挺；也可以使用五点法进行锻炼，即用两手肘、两脚、头，五点进行支撑。俯卧位时，则可以进行燕子飞动作锻炼，主张年纪轻、体力较好的患者进行腰背肌锻炼，年纪稍长、体力稍差的则适宜进行倒走锻炼腰背肌功能。

运动锻炼宜先慢后快、从小幅度到大幅度、从局部到整体、先轻后重、频率由慢到快，循序渐进，切不可急于求成。

（2）运动禁忌。

避免过多过度地弯腰及扭转腰椎；避免背部挤压，减少腰椎的受力；避免急性病期过多活动。

第二节　常见疾病的康复疗法

一、糖尿病

【案例】王某，65 岁，患有 2 型糖尿病，病程 5 年。以前一直采用药物治疗，但是效果并不理想。后医生根据患者具体情况为其制订治疗计划，在药物治疗的同时，结合食疗和运动疗法，3个月后检查发现血糖有所下降，而后王某一直坚持医生的治疗计划，现如今血糖水平基本稳定。

【点评】2型糖尿病目前尚无完全根治或治愈的办法，但可以通过多种治疗手段控制血糖水平。患者应每天按时服药，平日里也应多注意运动。不仅是药物治疗，运动疗法、饮食调理对患者来说同样重要，缺一不可。

（一）运动疗法

（1）步行：患者可以在刚开始时缓慢步行，然后逐渐加速，每天坚持步行半个小时及以上。

（2）跑步：老少皆宜，是适合糖尿病患者日常运动的方式之一。跑步时，患者需从慢速开始，如果几天后身体没有不适，可适当提速或增加跑步时长。具体跑步速度和时间，视个人身体素质而定。

（3）游泳：适合大多数糖尿病患者，可以起到强身健体的作用。运动时间半小时为宜，如无身体不适，可逐渐延长至一个小时。

（4）太极拳：太极拳的动作讲究刚柔并济，有利于血液循环，消耗热量，降低血糖，患者平日可多加练习。一般情况下糖尿病患者可以练习全套，体力较差者可选择部分招式练习。

（二）饮食调理

糖尿病患者平日需控制总热量的摄入，如肉类等含热量较高食物应严格控制摄入量。对患者来说，少食多餐是良好的饮食习惯。日常饮食中还应注意无糖、少油、少盐。

（三）日常生活禁忌

（1）饮食不规律：不按时吃饭会使血糖产生波动，不利于控制病情。

（2）饮酒：酒精会对患者的糖代谢产生不利影响。

（3）甜食：患者血糖水平不论是否得到了有效控制，均应严格控制糖的摄入量。

二、原发性高血压

【案例】李某，51岁，高血压患者。他自从患上中度原发性高血压后，每天按时服药，家里人也严格按照医生给的食疗方法对他的饮食进行照顾，但是去医院检查发现血压不降反升，后经医生询问，发现患者长期卧躺，懒于出门散步或锻炼。

【点评】高血压患者的确应按时服用降压药物，并且对饮食进行严格控制，但是患者平时还应注意多加锻炼，每天进行有氧运动，不能久坐、久卧。当然，要考虑高血压的严重程度，如有高血压合并急性冠状动脉综合征时，需卧床休息而不宜运动。

（一）运动疗法

（1）散步：到空气清新的地方散步是原发性高血压患者的一种有效运动方式。散步时长一般需持续半个小时以上，具体时长与速度应结合自身情况而定。

（2）慢跑或长跑：适于轻度高血压患者，时长可根据自身情况由少逐渐增多，以 20~30 分钟为宜。

（3）太极拳：适合轻度、中度高血压患者。刚开始时，宜选择简化的太极拳，一般情况下可练习全套，体力差的患者，可选择部分招式练习。但需注意，陈氏和杨氏太极拳运动量较大，不适合高血压患者练习。

（4）八段锦：八段锦是一门古老的健身气功，有全面健身的功效，能使人身心放松，从而达到降压的效果，高血压患者可加以练习。

（二）饮食调理

新鲜的水果、蔬菜和含钙高的食物有益于血液循环和心

肌代谢，可防治原发性高血压，如萝卜、番茄、西兰花、韭菜、香蕉、西瓜等。少吃肥肉、动物内脏等胆固醇高的食物。不宜饮酒、吸烟、喝浓茶。

（三）日常生活禁忌

（1）情绪不稳定：血压的高低与情绪波动关系密切，惊吓、大喜大悲都能引起血压大幅度的波动。

（2）间断服用降压药：间断服药可能使病情进一步恶化。

（3）不控制体重：肥胖会增加心脏负荷，使血压上升。

三、慢性阻塞性肺疾病

【案例】张某，45 岁，患有慢性阻塞性肺疾病 1 年左右，患病后听从医生建议主动戒烟，病后也一直进行药物治疗，同时做康复理疗，并且每天坚持适量运动，现如今疾病症状得到了极大改善。

【点评】对于慢性阻塞性肺疾病，单凭药物治疗难以取得良好的疗效，在吃药的同时，患者需要坚持康复训练、运动和饮食调理。患者也须知晓阻止慢性阻塞性肺疾病进展的关键措施是戒烟。

（一）运动疗法

（1）提高膈肌功能训练：一般由治疗者的双手进行腹压支持，也可用 1 千克左右的沙袋放置于患者腹部用以代替治疗者的双手。患者平卧，用鼻缓慢吸气，尽量放松身体，用嘴缓慢呼气。

（2）缩唇呼吸训练：在呼气时，撅起嘴唇向外缓慢吐气，随后缓慢吸气。这样可加强呼吸肌的力量，从而消除肺气肿的相关症状。还可借助气球，注意训练时遵循慢慢吸气、吐气的原则，不宜过快。

（3）健身气功：推荐八段锦和五禽戏。

（4）呼吸功能锻炼：可以通过吹口哨或笛子、唱歌等方式进行肺功能锻炼。

（二）饮食调理

患者应多吃新鲜的水果和蔬菜，可吃肉、鱼、鸡蛋、豆类等。注意少食多餐。

（三）日常生活禁忌

（1）吸烟：阻止慢性阻塞性肺疾病进展的关键措施是戒烟。

（2）通风不良的空间燃烧生物燃料：患者需避免在生火取暖、被动吸烟的环境中久待。

四、哮喘

【案例】林某，38岁，哮喘病患者。患病后坚持针灸、内服中药，避免接触已知过敏原，并且坚持适当的体育锻炼，虽不能根治，却也使病情得到了控制。

【点评】哮喘通常不能根治，但是可以通过有效的身体管理和规范化治疗，达到长期控制症状、改善症状、保持肺功能稳定的目的。

（一）运动疗法

（1）游泳：对刚开始游泳的哮喘患者，每次15分钟左右，每周不超过 3 次，如果连续 4 周哮喘无加重趋势，时间可延长至 30 分钟左右，每周不超过 4 次。为防止寒冷对疾病造成不良影响，推荐患者在室内游泳池运动。

（2）腹式呼吸：患者平躺，在吸气时，应当提腹，并且尽量保持胸部不动，在呼气时，腹肌缓慢收缩，这样可增加腹内压力。患者按节律进行呼吸，每日练习 10~20 次。

（3）下蹲呼吸：患者站直，随后使躯体前倾并缓慢下蹲，用双手抱住膝盖缓慢呼气，起身站直时慢慢吸气，每日练习 10~20 次。

（4）步行：坚持每天步行，开始时先慢行，随后可缓慢加速，持续时长应达到半个小时以上。

（二）饮食调理

哮喘患者要在饮食上格外注意，在饮食中不吃或少吃虾、牛奶等可能引发哮喘及腹胀，致使呼吸困难的食物。宜多吃蔬菜水果，如萝卜、白菜等，同时宜多饮热水。

（三）日常生活禁忌

（1）身体着凉：一些患者在感冒时，会出现咳嗽或胸闷的疾病反应，严重时呼吸困难，所以哮喘患者应加强冬季保健。

（2）接触过敏原：患者应尽量避免接触已知过敏物质，春秋季外出时最好戴口罩。

（3）房间不透风：患者的卧室应常开窗通风，保持室内空气新鲜。

五、骨质疏松症

【案例】张某，67岁，患有骨质疏松症，经常腰背疼痛，服用医生开的药，效果也不好，后来医生建议张某每天坚持运动，并嘱咐亲属对其饮食加以照顾，几个月后，虽偶有疼痛，但是病情得到了极大地缓解。

【点评】骨质疏松症应采用运动、营养及药物综合治疗，科学的运动不仅能控制病情，还能预防相关并发症的发生。

（一）运动疗法

（1）健步走：这是最简单的运动方式，以每天两次为宜，每次运动时长不得低于半个小时。步行时要抬头挺胸，双臂自然摆动，注意脚步踩实以发展臀部的肌肉力量、防治下肢骨质疏松，过程中注意调整呼吸。

（2）慢跑：这是适合患者锻炼的有氧运动方式，建议运动时间15~30分钟，患者应根据自身状况量力而行。慢跑时，要求身体挺拔，手臂自然摆动，注意力要放在腿的蹬地及腰椎受力的感受上。

（3）户外运动：平日应多出门做户外运动，充分接受阳光沐浴，有助于合成维生素 D，从而促进患者对钙的吸收。

（4）抗阻训练：应包括全身的运动。推荐动作有伸腰、伸腿、压腿、后拉、划船样动作、双臂交叉压脚。患者做这些训练时最好有专人监护，以免发生意外。整个训练过程中，患者应保持身形，缓慢运动。

（二）饮食调理

患者可多食用如鱼、虾、牛奶、豆制品、谷物坚果等含钙高的食物，同时注意补充维生素 D，合理搭配膳食。控糖和控盐。

（三）日常生活禁忌

（1）摄入过量的咖啡因：咖啡因对骨代谢产生影响，使钙随尿液排出体外，还会影响骨骼对钙的吸收，因此骨质疏松症患者应少喝咖啡。

（2）吸烟、喝酒：烟草中含有的尼古丁容易导致骨骼中的滋养血管收缩，影响骨骼血液循环，导致新生骨骼减少，使骨质疏松症患者病情加重。经常饮酒会引起体内磷和钙等物质流失，损伤肝脏功能，使维生素 D 在肝脏合成时受到影响，继而干扰骨代谢，甚至造成骨量流失。

六、肩关节损伤

【案例】敬某，46 岁，油漆工，3 个月前突感肩痛，去医院检查发现是肩关节损伤，后采用服药、理疗等保守治疗，再坚持每天运动，疼痛明显减轻。

【点评】反复做用力上举状的动作，易造成人体的肩关节损伤。年龄的增长会使人体组织弹性逐渐减弱，身体开始变得僵硬，从而更易受伤。患者在保守治疗的同时，每天坚持运动，也维持与改善了组织的正常形态和功能。

（一）运动疗法

（1）关节松动训练：做上举、外展、后伸、外旋、内旋的动作。每个动作做 4 次视为一组，每天锻炼 2 组。

（2）推墙锻炼：向前推墙壁，向外侧推墙壁，向后侧推墙壁，每个动作保持 10 秒，连续 10 次为 1 组，每日 2~3 组。

（3）划圈锻炼法：身体先保持直立，随后使躯体前倾，患肢下垂于体侧，按顺时针、逆时针方向划圈，活动范围宜由小到大，缓慢进行。

（4）肩胛骨稳定训练：站立位靠墙做俯卧撑，每次坚持 6 秒，20 次为 1 组，每天 2~3 组。

（二）饮食调理

多吃新鲜蔬菜和水果，多吃如鱼类、鸡蛋等蛋白丰富的食物，适当补钙。不可吃腌制、刺激性等食物。低盐饮食。

（三）日常生活禁忌

（1）肩关节受凉：生活中要避免受凉，冬天可围围巾或穿高领毛衣。

（2）托举重物：患者应避免手托重物，以防对肩关节造成二次损伤。

（3）长时间低头：保持低头时间过长会使颈部、肩部出现酸痛。

七、腰椎间盘突出症

【案例】李某，42岁，患腰椎间盘突出症，经常感到腰痛，并且疼痛剧烈，难以行动和入眠，前期只能卧床休息，几周后做牵引治疗，疼痛缓解后开始每天坚持适量运动，症状得到了缓解。

【点评】患者经合理治疗以及康复训练，缓解了腰椎间盘突出症，治愈后也应每天坚持锻炼。

（一）运动疗法

（1）倒走：倒走是最简单实用的方法，每天倒走 30~60 分钟，但是注意必须有人陪伴，以免发生事故。

（2）蛙泳：蛙泳可缓解腰椎间盘突出症患者的部分症状，对于某些术后的康复也有较好的效果。

（3）蹬腿：患者平躺，脚与腿一同使劲，将腿蹬出，做出骑自行车的姿态，在空中划行，30 秒为一组，每天坚持 5~10 组。

（二）饮食调理

患者应多吃含钙高的食物，如牛奶、海带、豆制品等，多吃新鲜的蔬菜水果。注意少食多餐。

（三）日常生活禁忌

（1）睡过软的床铺：床铺过软会影响患者腰椎的生理曲线，宜使用木板床。

（2）弯腰负重：患者应避免弯腰或搬重物。

（3）久立、久行、久坐：患者长时间坐立、行走对腰椎损伤较大，应当注意避免。

参考文献

［1］钱荣立. 关于糖尿病的新诊断标准与分型［J］. 中国糖尿病杂志, 2000, 8(1):4-5.

［2］沐铁城, 田晓航, 彭韵佳. 糖尿病健康管理, 减轻"甜蜜的负担"［N］. 新华每日电讯, 2021-11-15(4).

［3］王建华. 开给糖尿病患者的"运动处方"［J］. 心血管病防治知识 (科普版), 2016, (3): 15-19.

［4］赵西芳, 吴菁, 黄学. 高血压并发症流行病学特征分析［J］. 中国老年保健医学, 2019, 17(1): 42-43, 46.

［5］蔡柏薔.慢性阻塞性肺疾病的定义、诊断、鉴别诊断和病情分级［J］.中华结核和呼吸杂志，2007，30(1)：76-78，17.

［6］张琼.心肺强化间歇训练对老年慢性阻塞性肺疾病康复期患者心肺氧合能力和运动能力的影响［J］.实用医院临床杂志，2021，18(2)：88-92.

［7］冯晓凯.我国支气管哮喘患病情况及相关危险因素的流行病学调查［D］.北京：北京协和医学院，2014.

［8］林巧志.哮喘患者注意事项——运动＋饮食［J］.家庭生活指南，2020，(4)：76.

［9］杨路昕，郭郡浩，蔡辉.运动干预原发性骨质疏松症：不同运动方式、强度及频率对骨密度的影响［J］.中国组织工程研究，2014，18(38)：6200-6204.

［10］严武，张俊.太极拳运动对高血糖患者血糖及血脂的影响［J］.南昌大学学报（医学版），2006，46(4)：194-195.

［11］张军.酒精对糖代谢的影响［J］.实用预防医学，2006，13(6)：1679-1680.

［12］高伟，赵秋利，李明慧，等.基于质性研究构建高血压患者服药自我管理指导方案［J］.护理学杂志，2014，29(10)：5-8.

［13］吴国梁.上肢上举前摆类动作中肩关节损伤的生物力学分析［J］.唐山师范学院学报，2011，33(2)：88-90.

第四章
常见运动性损伤的预防与处理

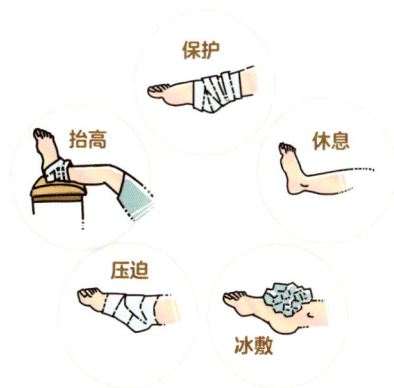

保护

抬高

休息

压迫

冰敷

第一节　运动损伤的成因和分类

一、什么是运动损伤？

运动损伤指在运动的过程中发生的各种损伤，主要包括骨关节损伤、韧带损伤、肌肉拉伤等，损伤的主要是运动系统的组织。经常进行运动锻炼，或者专业的运动员，很容易发生运动损伤。

二、运动损伤发生的原因

运动损伤伴随着整个运动过程，在大众健身过程中极为常见。人体损伤通常是多个因素共同造成的结果，在一次运动损伤中，总有一个因素是主要的，其他几个则是次要的、诱发性的。因此，运动损伤的分析时应全面考虑造成受伤的原因。运动损伤的发生主要包含主观和客观两大因素。

（一）主观因素

（1）健身意识：缺乏运动常识，从而麻痹大意。对于刚接触健身锻炼的人群，尤其是儿童及青少年健身人群，处于健身运动的活跃期，活泼好动，喜欢冒险和表现自我，往往因过度兴奋而选择超负荷（动作难度、活动强度、运动量）和过激的运动行为，又未接受充分的健身指导，健身活动中难以遵循循序渐进和量力而行的活动原则，导致运动保护意识薄弱，属于运动损伤的高发人群。

（2）身体机能状况：在身体不适宜健身锻炼的状态下，内在机能状态不佳，导致肌肉力量差，动作完成的协调性不足。对健身运动过程中突发意外的动态活动缺乏敏锐的判断能力和准确的保护应激反应导致损伤。影响身体机能的常见因素包括：伤病初愈阶段；睡眠或休息不足；贫血、疲劳状态等。幼龄、老龄及伤病初愈等特殊健身人群，身体机能状况是导致运动损伤的重要因素，选择和参与健身活动时需特别谨慎。

（3）运动技能：完成健身活动技术动作的准确性不足，动作不规范，违反人体健身运动的生物力学、解剖学原理，与人体结构特点和各器官活动规律不符，也容易引起损伤。

（4）心理状态：运动中有胆怯、恐慌、畏难、犹豫不决或过分紧张等不良心理状态，也是造成运动损伤的重要因素。

（5）性别：女性在健身活动中的运动损伤发生率高于男性，因为女性骨骼重量较男性轻，抗压抗弯能力仅为男性的2/3，坚固程度相对较低。此外，女性体脂含量相对较高，肌肉含量占体重比例小，力量较同年龄男性低 20%~25%。女性由于特殊的生理结构及缺乏锻炼造成身体韧度低，所以女性参与健身锻炼遭受运动损伤的风险更高。

上述运动损伤发生的因素中，缺乏健身意识，麻痹大意所造成的运动损伤率处于首位，其次是健身活动技术不规范和动作失误，因此在日常健身锻炼过程中，需要加强安全意识，克服麻痹大意思想，在做好准备活动的同时，还要重视动作要领的规范掌握。

（二）客观因素

运动时缺乏适宜的运动条件，也易导致运动损伤事故的发生。一般造成运动损伤的客观因素包括以下几个方面。

（1）运动环境：恶劣的天气（雨、雪、风、沙、低温、高温、强暗光等状况），健身活动场地秩序混乱、场地人员杂乱无章等。

（2）场地设施：健身活动地面不平或破损，质地过硬，场地内有障碍杂物等；健身使用器械不合格（次品、失修、不标准）；健身活动参与者自身衣物、鞋帽等运动服饰穿着不合适；护具佩戴不规范（棒球、搏击、散打、击剑等运动项目）等。

（3）组织安排不合理：运动量不适宜（过大、疲劳），活动次序安排不合理，饮食和运动状态（饥饿、饱腹）及休息时间（睡眠不足或精神状态不佳）不科学。

（4）参与成员：运动中对手或队友动作莽撞或动作过大，对手过强或冲撞激烈；对抗运动中对手故意或恶意犯规；参与者的动作技术不标准等。

（5）规则执行：在对抗和冲撞激烈的活动中，尤其是篮球、足球、搏击、拳击、摔跤等正面对抗较频繁的运动项目中，裁判执行规则不严不公，也易加剧活动参与双方的运动风险，导致严重的损伤后果。

（6）医务监督：患病初愈后的恢复活动、康复训练、健身参与活动计划的制订，皆须按规定实施科学严格的医务评估和监督，定期健康检查，按时进行常规的生理、生化测定，伤病调查等。

三、运动损伤的分类

根据健身锻炼受伤的类型、级别、性质、过程特征、运动能力丧失程度及运动技术和训练的关系将运动损伤划分成不同类型，便于损伤发生后的情况评估和诊断。

（一）根据健身运动损伤的组织类型分类

按健身活动过程中运动损伤组织的伤种类型不同可分为：水泡和皮肤损伤、肌肉肌腱拉伤及断裂、关节韧带的扭伤及断裂、关节脱位、骨折、脑震荡、休克等。

（二）按受伤的级别分类

按健身活动受伤轻重将运动性损伤的级别分为轻度伤、中度伤、重伤三类。轻度伤：健身活动损伤后未影响正常的工作能力；中度伤：健身活动损伤后工作能力丧失达 24 小时以上，需进行医务治疗；重伤：损伤后需住院治疗并需要较长时间才能康复。

（三）按损伤发生的过程特征分类

急性损伤：健身活动时瞬间遭受直接或间接暴力造成的损伤；慢性损伤：指健身活动过程长期过度负荷训练、无数次的微细损伤累积而成的局部劳损，也包括因急性损伤没有及时处理，逐渐转化而成的习惯性损伤，如髌骨末端劳损、慢性骨膜炎等。

（四）根据运动能力丧失的程度分类

轻度伤：受伤后仍能按原健身活动计划持续进行锻炼；中度伤：伤后不能继续从事健身活动的，需要医治一段时间才能继续锻炼，这期间需停止或尽可能减少患部活动；重度伤：需要手术并长期住院医治，恢复时间较长，有的可能丧失运动能力，需制定严格的恢复性方案。

第二节　常见的运动损伤

一、常见的运动损伤有哪些？

运动损伤多见于青年人群，他们热爱运动，积极参与各项体育活动，但常因缺乏一定的运动训练卫生知识和出现运动损伤后的应急措施，而对伤者造成不必要的痛苦。

（一）擦伤

擦伤即皮肤的表皮擦伤。如擦伤部位较浅，只需涂红药水即可；如擦伤创面较脏或有渗血时，应用生理盐水清创后再涂上红药水或紫药水。

（二）肌肉拉伤

肌肉拉伤指肌纤维撕裂而致的损伤。这类损伤主要由运动过度或热身不足造成，可根据疼痛程度了解受伤的轻重，一旦出现痛感应立即停止运动，并在痛点敷上冰块或冷毛巾，保持 30 分钟，以使小血管收缩，减少局部充血、水肿。切忌搓揉及热敷。

（三）挫伤

因身体局部受到钝器打击而引起的组织损伤。轻度损伤不需特殊处理，经冷敷处理 24 小时后可用活血化瘀酊剂，局部可用伤湿止痛膏，在伤后第一天予以冷敷，第二天热敷。约一周后血瘀可吸收消失。较重的挫伤可用云南白药加白酒调敷伤处并包扎，隔日换药一次，每日理疗 2~3 次。

（四）扭伤

由于关节部位突然过猛扭转，拧扭了附在关节外面的韧带及肌腱所致。多发生在踝关节、膝关节、腕关节及腰部，不同部位的扭伤，治疗方法也不同。

急性腰扭伤：可让患者仰卧在垫得较厚的木床上，腰下垫一个枕头，先冷敷，后热敷。

关节扭伤：踝关节、膝关节、腕关节扭伤时，将扭伤部位垫高，先冷敷 2~3 天后再热敷。如扭伤部位肿胀、皮肤青紫和疼痛，可用陈醋半斤炖热后用毛巾蘸敷伤处，每天 2~3 次，每次 10 分钟。

（五）脱臼（关节脱位）

一旦发生脱臼，应嘱患者保持安静、不要活动，更不可揉搓脱臼部位。如脱臼部位在肩部，可把患者肘部弯成直角，再用三角巾把前臂和肘部托起，挂在颈上，再用一条宽带缠过脑部，在对侧脑打结。如脱臼部位在髋部，则应立即让患者躺在软卧上送往医院。

（六）骨折

常见骨折分为两种，一种是皮肤不破，没有伤口，断骨不与外界相通，称为闭合性骨折；另一种是骨头的尖端穿过皮肤，有伤口与外界相通，称为开放性骨折。对于开放性骨折，不可用手回纳，以免引起骨髓炎，应用消毒纱布对伤口作初步包扎、止血后，再用平木板固定送医院处理。骨折后肢体不稳定，容易移动，会加重损伤和剧烈疼痛，可找木板、塑料板等将肢体骨折部位的上下两个关节固定起来。如一时找不到外固定的材料，骨折在上肢者，可屈曲肘关节固定于躯干上；骨折在下肢者，可伸直腿足，固定于对侧的肢体上。怀疑脊柱有骨折者，宜卧于门板或担架上，躯干四周用衣服、被单等垫好，不致移动，切不可抬伤者头部，这样会引起伤者脊髓损伤或发生截瘫。昏迷者应俯卧，头转向一侧，以免呕吐时将呕吐物吸入肺内。怀疑颈椎骨折时，需在头颈两侧置一枕头或扶持患者头颈部，不使其在运输途中发生晃动。

二、运动损伤的误区有哪些？

（一）延误病情，麻痹大意

【案例】孟某，马拉松的热衷者，大大小小的全民健身马拉松活动参与无数。近日，孟某在参加一次盛大的马拉松赛事时，热闹的赛场氛围使孟某心潮澎湃，妻子和孩子的关注更是激发了他的雄心壮志，为了在众人面前展现自己的实力，马拉松开始的枪响后，孟某便迅速地冲向了漫长的马拉松赛道。仅2公里孟某便自觉呼吸紧迫，脚步沉重，但他还是坚持向前跑去。随后孟某体力透支难耐，赛道的凹处让孟某大意摔倒在地，并且感受到踝关节的一阵痛感，而终点的迫近让孟某并无他想，稍作恢复，掰了掰脚踝，坚持完成了马拉松的征程。虽然跑完了马拉松全程，但孟某在第二天却无法下地，经检查，诊断为踝关节骨裂。

【点评】多数人认为，非对抗性运动导致的伤情通常不重，经过适当休息，减少活动可迅速恢复。但伤情严重时也需要及时就医，切不可掉以轻心。此外，对抗性损伤，高处坠落伤，伤后即刻肿胀，疼痛剧烈，伤时有明显的韧带或肌肉撕裂感，局部畸形，行走活动异常困难需要立即就医，切不可麻痹大意。因此，对每一个大众健身者而言，遭遇损伤时量力而行、及时医务检查是非常必要的。

（二）隐瞒病史，轻描淡写

【案例】尹某是一名热爱运动的中学生，平日非常喜欢参与各种运动项目，尤其喜欢参加对抗激烈的球类运动。一日，尹某放学后，与同学们热情高涨地打着篮球，比赛激战正酣，此时，球传到尹某手中，只听见"噌"的一声，尹某左手无名指无意地戳在球体上，出现了第一指关节和第二指关节的明显移位，旁边的同学说："没关系的，用手一掰就恢复了，我看前面打球的哥哥们就是这么做的。"尹某疼痛难忍，便听从了同学的建议，忍痛将无名指的移位扳回，便继续比赛。

随后几个月在运动时，尹某左手无名指仍会隐隐作痛。

【点评】一些青少年受伤后，由于怕家长责骂或过于自负，对伤情不当一回事，或明明有创伤史却不承认。如青少年打球后，出现手指末节伸不直现象，多数由于手指末节触球时手指伸肌腱损伤，若早期治疗，通过减少活动、局部制动便可以恢复，而隐瞒病史，延迟就诊，局部瘢痕形成，手指伸直就会受限，可能需要手术治疗才能康复。

（三）伤后用力揉搓伤处

【案例】刘某喜欢在小区运动场与同伴踢球，随着年龄的增长，体重也愈加难以控制。但刘某对足球的热爱程度却依旧高涨，并且每次的运动强度都很大。在一次与周围小区队伍进行的友谊赛中，刘某被对手铲翻在地，膝盖处产生剧痛，刘某让队友在其患处进行揉搓和药疗，后被同事送往医院诊治。检查结果显示，刘某膝盖十字韧带撕裂、跟腱断裂。

【点评】运动损伤时，多数情况伴有局部小血管破裂出血，一般要经过 24 小时左右才能修复，停止出血和渗液。如果受伤后盲目用力揉搓，势必会加速出血和渗液，甚至加重血管的破裂，以致形成更大的血肿。若合并有局部骨折，不恰当揉搓可导致骨折移位，影响预后。正确的做法是立刻采取制动，避免运动，局部冷敷，用冷水冲或用冰块冷敷扭伤部位约 15 分钟，使血管收缩，达到止血的目的，然后覆盖绷带加压包扎后送往医院诊治。

（四）过早涂抹活血化瘀的药物或贴膏药

【案例】王女士是一名白领，五一假期与朋友相约加入了登山健身的队伍。在下山时，因山路崎岖湿滑，王女士脚底不慎滑落到山涧草丛，她赶忙用脚支撑住硬石，止住身体下滑，总算并无大碍，而膝关节部位却传来一阵刺痛。此时，李大妈热情地拿出了自己备用的止痛药膏，即刻帮王女士敷上。第二天，王女士发现膝关节处愈加肿胀和疼痛了。

【点评】在损伤发生后，许多人会立即在患处涂抹活血化瘀的药物或贴上膏药，以为这样伤痛会好得快。其实，这种做法并不能减轻疼痛，反而会造成局部肿胀加重，疼痛得更厉害。由于人体组织受到外力损伤后即呈现炎症反应，液体大量自血管内渗出到损伤处，出现局部肿胀，继而压迫神经引起疼痛。这种反应在 24 小时内可以达到顶峰，如果在此期间涂抹药膏或贴伤湿止痛膏，其活血的作用会使局部血液循环加速，加重肿胀疼痛。正确的方法应该是在发生扭伤 24~48 小时后，待损伤部位出血停止，血管愈合后使用。伤后尽早采取制动措施，在医生指导下按膏药类别区分使用如双氯酚酸钠等镇痛、抗炎类药物。

（五）过度坚持运动

【案例】小刘是一名阳光俊朗的大学生，平时喜欢健身。近日，小刘因出色的身体素质入选学院的排球队，并接受统一训练准备参加学校组织的排球比赛，其间小刘在跳起扣球落地时踩在了对方球员的脚上，造成了脚踝的轻度崴伤。但小刘转了转脚踝，稍作恢复便带伤投入训练之中。随后几天，小刘脚跟部的肌腱愈加肿胀疼痛。

【点评】在发生损伤后，有些人自觉程度较轻，只是局部的轻微肿胀和疼痛，就认为问题不大，于是不做任何处理就继续参加运动。殊不知这种看起来不怎么严重的小伤，若不及时处理，很容易再次受伤，还会引起韧带松弛，导致创伤性滑膜炎，使再次发生运动损伤的可能性加大。因此，关节扭伤后要立即停止运动，坐下或躺下，让损伤的部位充分休息，必要时关节固定 3~4 周，并注意观察伤情变化。

第三节 运动损伤的预防

一般来说，在健身时运动损伤的预防应重视以下几个方面。

（一）运动损伤产生的特点

（1）运动损伤的特点与运动项目的特征关系紧密，常用的身体部位，更易遭受损伤，即常消耗磨损高，惯用部位自然也加剧损伤的风险。下肢损伤常见于慢跑、足球、篮球、排球、羽毛球、网球及田径等移动、跳跃动作高频的运动项目。跑类项目中，膝关节损伤占40%，足部和踝关节损伤占15%，腰背部损伤占5%；跳跃类项目中则以腰背、膝关节、脚部的损伤最为多见；投掷类项目则易造成肩、肘、躯干及膝关节损伤。此外，足球、篮球、排球等球类活动则以小关节（手指、脚趾）损伤最为常见，膝关节、踝关节及脚部损伤也极易发生。

（2）就运动损伤的程度而言，轻伤最为普遍，中度伤不多见，严重性损伤较少，但仍需谨慎。

（3）软组织损伤中闭合性损伤为高发损伤类型，开放性损伤相对较少。

（4）青少年属于运动损伤的好发人群，儿童和老年人次之，但需谨慎。

（二）运动损伤防护的实施过程

（1）运动前的防护。

运动前的防护包括身体检查和能力评估两部分。身体检查主要是排查相关疾病与伤病史，类似于医学体检，对身体健康状况进行全面了解。能力评估则通过检测参与者身体机能、运动素质及体能的综合运动水平进行评价，并排查运动障碍和风险。除了一般的身体检查，还应考虑骨骼、肌肉、内脏机能及运动心电图检查，并考虑加入功能性评估，分析受检者骨骼、肌肉、身体机能与相关运动的最大肌肉力量、骨骼最大承重力量、内在机能的最大能量输出等。

运动前的防护

（2）运动中的防护。

运动中的防护主要聚焦于运动防护过程模式的健康促进阶段，包括三个部分：运动处方和锻炼计划、拉伸与热身活动、运动过程监督。运动中的防护往往是防护的基础。

运动处方和锻炼计划是损伤防护的前提，科学规范的健身活动、系统规划、有序的执行能尽量减少损伤"意外"的发生。遵循循序渐进和量力而行的活动原则，符合超负荷与渐增负荷原则，科学对待健身活动，做到有运动、有健身、有计划，从而极大程度地控制和避免损伤的发生。拉伸与热身活动，一方面可以提高肌肉和韧带的延展性，另一方面加速唤醒体育运动过程中判断能力和保护应激反应能力。运动过程监督，是指密切关注健身活动过程中运动参与者之间、场上参与人员、场上辅助人员（裁判）的状态，观察和制止异常情况，从而尽可能避免损伤的发生。

（3）运动后的防护。

运动后的防护主要是促进恢复的过程，有利于缓解和避免慢性损伤的发生。需要适度运动和量力而行，并且进行及时的放松和恢复手段来缓解和避免运动损伤的发生，包括静态拉伸、按摩、针灸、冰敷、热敷等。

运动后的防护

第四节　运动损伤的急救与处理

一、水泡与皮肤损伤

（一）水泡

（1）症状：皮肤磨损较多处呈现透明或红紫的水泡，水泡破裂后有透明液体渗出，且受损处有明显的湿热、疼痛、刺痛感。水泡是皮肤的内外层间组织液蓄积异常所产生的小水袋，是健身锻炼过程中许多运动项目常见的损伤类型，易出现于手指、手掌及脚趾等皮肤表层部位。

（2）损伤规律：健身锻炼过程中，皮肤因常受到服饰、鞋（如跑步、轮滑、滑雪等）及护具（手套、帽子）或运动器材（如羽毛球拍、棒球棒、刀棍等）的摩擦而产生水泡，挤压、摩擦、潮湿和相对高温都会导致水泡破裂，处理不当可增加感染发生的风险，并引发疼痛，所以水泡虽小，正确处理很关键。

（3）损伤处理：处理时一般应用干净的温水清洗未破的水泡，避免水泡破裂。较大的水泡，可由医务人员处理，轻轻将水泡内液体挤出、消毒，并垫上无菌纱布包扎。若水泡不慎弄破并形成开放性创伤，就需专业的医务人员进行消毒、包扎以免感染，注意保留患处的皮肤，切勿暴露伤口，否则会加重痛感，增加感染的风险。

（二）皮肤损伤

（1）原因与症状：皮肤损伤是健身活动过程中最常见的运动损伤之一，主要包括擦伤、刺伤及撕裂伤等。皮肤损伤是软组织表皮损伤的一种，伤口与外界相通，处理不当容易造成出血和感染。

擦伤即指机体软组织皮层与外界粗糙物体受力摩擦而导致皮肤表层的破损，常见于健身活动移动过程中摔倒或皮肤与场地、器材发生突然或剧烈摩擦。擦伤的特点是皮肤损伤面积大、伤口浅、表皮层脱落、伤口处不规整、点状出血，并有组织液从破损处渗出。

穿刺伤指锋利、尖锐物刺入甚至刺穿皮肤或皮下组织造成的皮下软组织损伤。例如田径运动中钉鞋和标枪、武术刀枪等造成的皮肤穿刺伤。穿刺伤的特点为伤口面积小、伤口较深，可能将外界异物带入伤口内，伤及深部的组织和器官。

撕裂伤指健身活动中身体遭受钝性撞击造成的皮下组织、皮肤撕裂，易出现于皮肤薄肌肉组织较少的部位，伤口较擦伤深并易持续出现。例如搏击、篮球运动中，眉弓被对方拳或肘部撞击即造成眉骨开裂等。

切割伤指健身活动过程中皮肤或皮下组织遭锐物切入所致的损伤。切割伤表现为伤口直线状，损伤处边缘整齐，切到动脉时，会有较多出血，但周边的组织损伤较轻。

（2）损伤规律：运动过程中，皮肤、软组织甚至皮下器官遭受外界物体突然或猛烈的摩擦、刺入、刺穿、撞击、切入等损伤性行为所致的损伤。

（3）损伤处理：保持伤口清洁，用生理盐水清洁伤损处，再敷药覆盖伤口。清洁和消毒后，及时用创可贴或消毒纱布覆盖。当伤口化脓或有浓稠液体渗出时，应及时就医，避免感染。遭遇物体刺入组织较深时，切勿鲁莽拔出穿刺物，以免引发更大的出血或切断神经及血管。总之，健身活动的运动服饰、地面、器械等应尽可能光滑圆润并相对柔软，禁止携带或佩戴首饰等尖锐物品，并配合相应的运动项目穿戴护具，避免运动损伤。

二、软组织损伤

软组织损伤是大众健身运动中的高发损伤类型。软组织损伤分为闭合性软组织损伤和开放性软组织损伤，其中闭合性软组织损伤较为常见，如肌肉、肌腱、腱鞘、筋膜、皮肤、韧带、滑膜、滑囊等的挫伤、拉伤、扭伤。

（一）挫伤

因撞击器械或练习者之间相互碰撞而造成挫伤。单纯挫伤在损伤处出现红肿，皮下出血，并有疼痛。内脏器官损伤时，则出现头晕、脸色苍白、心慌气短、出虚汗、四肢发凉、烦躁不安，甚至休克等症状。

（1）原因与症状：挫伤是闭合性损伤的类型，也被称为硬伤。人体某些部位遭遇（打击、碰撞、撞击）等钝力行为而导致的该处及深部组织损伤，微细血管受损并有体液和血液流出，出现钝痛、变色及肿胀等现象。轻度表现为疼痛、按压痛、肿胀及轻度功能障碍；重度损伤可造成皮下淤血、血肿，甚至瘀斑，功能下降和痛感明显，严重者甚至出现波动感。大面积的肌肉挫伤可连带撞击其他部位（脑、心、肝、脾、肺、肾脏等）器官，甚至有生命危险，需即刻送往医院。

（2）损伤规律：健身活动或运动中，在参与者之间、人体与器械之间，碰撞、撞击或击打等所致的钝性暴力肌肉损伤行为。例如篮球、足球或橄榄球运动中，运动员相互对抗，使用肘部、膝顶撞或踢击对方，或武术、棒球运动中，人与器械撞击致伤或被器械击砸，均属于挫伤。

（3）损伤处理：①冷敷：受伤后即刻用自来水冲洗伤处5~10分钟,用冰块冷敷效果更佳。②外敷: 适当加压包扎,敷"一号新伤药"。下肢挫伤者应抬高受伤肢体，静卧休息，然后局部冷敷加压包扎，消减肿胀和出血。内脏挫伤造成呼吸困难、血压下降者应及时送往医院进行诊断救治。

（二）肌肉拉伤

（1）原因与症状：肌肉活动是体育运动中的本体原动力，肌肉拉伤指肌纤维主动强烈收缩或被动拉长时超出肌肉受力

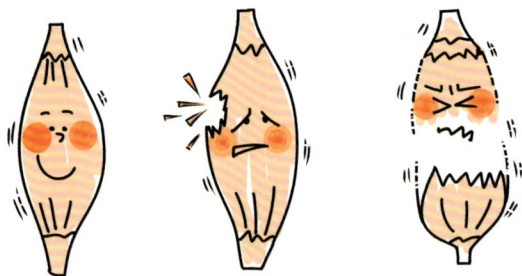

的最大限度所造成的细微损伤、局部撕裂及完全断裂。肌肉受伤时，会感到或听到"撕裂"声，随即相应的关节失去控制能力，且损伤部位疼痛、肿胀、压痛，完全断裂使皮下淤血严重，肌肉功能障碍且活动受限，断裂局部可触及凹陷或隆起。在健身活动中以大腿后肌群拉伤最为常见，腰背肌、腹直肌、上臂肌，皆为肌肉拉伤的高发部位。

（2）损伤规律：造成肌肉拉伤的主要原因是运动过程中肌肉的主动或被动牵拉超过肌肉所能承受的最大限度，超出了肌肉所能延展的最大限度、弹性等。常见于身体活动中拉伸、弯曲及伸展动作，注意健身活动过程中环境、肌肉的温度，运动地面的平整、湿滑等状况，运动间歇要注意保暖。体操、跳远、跨栏等项目易造成拉伤。

（3）损伤处理：受伤后即刻停止活动，采取"PRICE"原则，即：保护（P）、休息（R）、冰敷（I）、压迫（C）、

抬高（E）。24~48 小时后，对于轻度肌肉拉伤，可进行局部的封闭、按摩、针灸等疗法，对伤损部位进行揉捏、搓等按摩手法，并点压周围穴位。对于肌腱、肌肉完全断裂者，局部包扎、固定伤处后，尽快送往医院缝合。

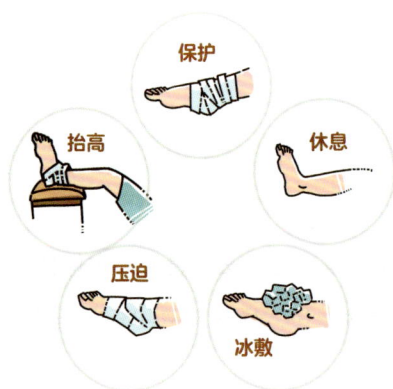

（三）关节韧带扭伤

（1）原因与症状：扭伤是健身活动和运动中极易发生的损伤类型，指关节韧带被过度拉伸，甚至是撕裂的伤害，在外力作用下，使关节韧带的活动超出正常范围以外的异常扭转，从而导致关节囊、韧带和关节附近其他结构的损伤，压力或张力皆可造成扭伤。按损伤轻重类型将扭伤分为轻度、中度、重度。轻度扭伤表现为部分韧带纤维被拉扯，极小部分被撕裂，痛感轻微，肿胀轻微甚至没有肿胀。中度扭伤则表现为关节周围更多的纤维被撕裂，但部分韧带仍保持完整，会有持续性痛感，肿胀及造成部分关节功能丧失。重度扭伤是指关节周围韧带完全断裂，任何关节活动皆会产生疼痛，关节功能基本丧失，甚至导致关节半脱位或完全脱位，整体肿胀。

（2）损伤规律：运动过程中突然遭受过度的内翻、外翻、内旋、外旋等压力或张力造成的关节韧带扭伤。例如，前交叉韧带损伤或断裂就容易造成膝关节前移与旋转不稳定的情况，进而影响运动中启动、急停、变向等动作的完成质量。此外，韧带撕裂或过度牵拉可能无法恢复肌肉本体伤前的松紧程度，有可能造成习惯性损伤，导致反复扭伤，特别是脚踝部位，一次扭伤后如处理不当，极易转化为习惯性扭伤。在扭伤中，最易损伤的部位为踝关节和膝关节，其次是肩、腕、肘关节。

（3）损伤处理：急性期的损伤处理方式与肌肉拉伤相同，采取"PRICE"原则，其后可采用热疗促进恢复。扭伤时应注意是否发生关节半脱位或完全脱位，例如脚踝扭伤就可能伴随半脱位，导致脚跟部无法受力着地，此时需专业人员协助复位。在康复过程中，增强本体感觉训练与相关肌群训练是恢复的核心，可有效防止反复扭伤。

三、关节脱位与骨折

（一）关节脱位

（1）原因与症状：关节脱位也称为脱臼，是指构成关节的上下两个骨端失去了正常的位置，使关节面的正常关系发生了错位。关节脱位按脱位程度可分为半脱位和完全脱位。关节损伤脱位后，关节囊、韧带、关节软骨及肌肉等软组织也会有不同程度的损伤，关节周围会发生肿胀，可造成血肿，若不及时进行关节复位，可能会出现组织粘连，使关节丧失部分功能。

一般关节脱位的症状表现为局部疼痛与压痛，活动时痛感增加。关节周围组织发生肿胀，关节功能性障碍，甚至丧失部分功能，同时伴随有软组织损伤、疼痛、肌肉痉挛等。关节脱位后，受伤肢体轴线发生变化，整个肢体常处于一种特殊姿态，骨端移位并处于异常位置。正常关节隆起处塌陷，凹陷处则异常隆起。

（2）损伤规律：关节脱位是由于直接或间接暴力作用于关节，以间接暴力最为常见。根据导致关节脱位作用力方式和性质的不同，间接暴力又可分为传导力和杠杆力两种类型，如运动中的冲撞、牵拉、坠落、跌扑、挤压、扭转等异常动作或过度力量作用造成关节脱位损伤。

（3）损伤处理：①防休克：关节脱位时常常伴随其他组织损伤，伤者痛感剧烈并伴随大量出血的状况，急救时需谨防患者发生休克，应尽早发现并及时治疗。②复位：关节脱位后应尽早进行复位，如果脱位刚发生且肌肉不很紧张，可不用麻醉，直接使用牵引等手法复位即可。对于肌肉紧张程度高、体质较弱、痛觉剧烈者可麻醉后，再用手法复位。③固定：关节复位后，必须保证肢体损伤处在一段时间内保

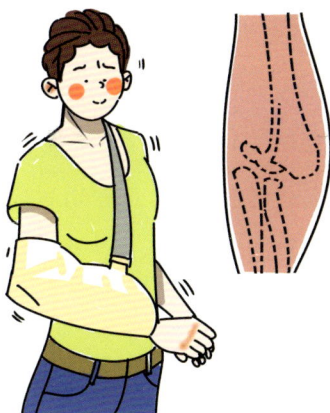

持固定。用三角巾或夹板固定患处后，尽快送往医院，进行周围组织的修复，防止习惯性脱臼。

（二）骨折

（1）原因与症状：骨折是指骨骼结构在连续性外力的作用下部分或完全断裂，是一种较为严重的运动损伤，在大众健身活动、竞赛及运动训练中时有发生，多见于儿童及老年人。

骨折时常伴随周围软组织损伤、微血管破裂甚至失血等状况，遭遇比较严重的骨折，如脊椎骨折、股骨骨折，甚至更严重的开放性骨折，由于大面积的软组织受损，造成大量出血、痛感剧烈，可能引起失血性休克或疼痛性休克。如开放性骨折患者体温异常升高，需考虑伤口是否出现感染。

（2）损伤规律：骨折时局部疼痛且按压痛感增强。伤者肢体刚发生骨折时痛感程度较弱，随后逐渐加重；活动时肢体痛感增强，触诊骨折处按压痛感明显。

（3）损伤处理：①预防休克，骨折最大的危险是造成连带性的休克，尤其是严重骨折患者，常常伴随大面积软组织损伤、大量出血，且痛感剧烈，需密切观察伤员情况，尽可能早期预防和处理可能导致的休克。②及时准确固定患处、防止骨折移位造成伤情加重，为避免骨折断端移位造成周围更多的软组织、血管、神经或内脏的损伤，甚至导致二次骨折的情况，需尽早对患处进行固定，可使用木棍、木板、纸板等硬质材料临时固定。如果骨折处出现流血，应先进行止血，再包扎伤口，然后进行固定，随后即刻送往医院。

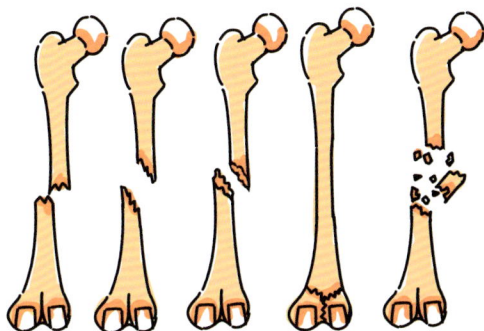

参考文献

［1］林成威，陈燕兰 . 在体育训练中预防运动损伤的探索［J］.
    体育风尚 , 2021(5): 29-30.

［2］张宏 . 贵阳市业余体育爱好者运动损伤调查分析［J］. 当
    代体育科技 , 2015, 5(17): 14-15.

［3］钟进聪，王震 . 大众体育与竞技体育运动损伤的成因及对
    策［J］. 广州体育学院学报 , 2014, 34(1): 109-111.

［4］谢辉勇，曹建民，牛衍龙.青少年运动员不同运动损伤类型的康复策略［J］.青少年体育, 2022(1): 56-58.

［5］白雪.常见运动损伤的应急处理［J］.医药世界, 2000(2): 19.

［6］张纪蔚.周围血管创伤［J］.中国实用外科杂志, 2006, 26(10): 811-812，814-815.

［7］李利强，李玉林，李超.流行病学视域下的"体育流行病"述评［J］.湖北体育科技, 2020, 39(11): 944-947.

［8］黄杰，杜新春.高校体育训练中的运动损伤及预防［J］.体育风尚, 2019(9): 11，13.

第五章
科学健身与健康自测问卷设计

你可能每天都在坚持跑步，每周都在坚持打球，但你是否想过，这些运动适合你吗？你是否出现过运动不当导致的伤痛？健身方式不对，可能身心都会"遭罪"。哪种健身运动适合你？锻炼之前不妨做个简单的自测。

【案例】在某公司做了近20年财务工作的张经理，年轻时体态匀称，身材魁梧，但现在他"发福"了。在单位体检时被诊断为糖尿病，医生告知他要注意饮食，控制体重。于是他决定减肥。不吃早饭，每天下班后去健身房，一锻炼就是3小时。某天他突然晕倒在了健身房，被人紧急送到了医院。经医生诊断，他是出现了运动后的低血糖。张经理奇怪了："糖尿病不是血糖高吗，怎么会低血糖呢？"

【点评】运动治疗是糖尿病管理的一项内容，但需要患者和健康管理提供者注意一些重要事项：不建议患者空腹运动；推荐患者一星期中进行5次运动，每次运动30~60分钟即可；患者血糖波动较大的时期，不建议运动，否则可能会出现低血糖。张经理显然缺乏相应的科学健身知识，而健身房的教练也缺乏对健身者一般身体状况的了解，没有做好健康评估和制定科学的健身规划。

　　通过健康自测问卷，我们可以检视自身的身体状况，健康管理提供者也可以详细收集调查对象的健康信息，有助于健康检测、健康评估并制定和落实科学健身干预方案。由于健康调查问卷的使用者广泛，而且健康管理的目标不同，因此，通常健康问卷需要使用者依据需要自行设计。健康自测问卷的设计是科学健身和健康管理工作的关键环节。本章从调查问卷设计的基本原则入手，介绍一份完整的健康自测问卷应包含的基本结构，健康自测问卷设计步骤与方法，以及问卷质量评估等内容。一份精心设计的健康自测问卷是健康管理工作的重要开端，是健康信息收集得以实现的重要工具。

一、自测问卷设计的基本原则

（一）适合性原则

适合性原则是自测问卷设计的首要原则。设计问卷时要考虑被测试者的实际情况，即从被测试者的角度出发，因为自测问卷是没有调查员参与，由被测试者自己独立完成的问卷，所以自测问卷必须适合被测试人员的学历文化程度、生活习惯、语言表达习惯等特征。设计适合作答的调查问卷，尽可能地减少在填答时的困难。适合被测试者情况的问卷可以使他们愿意并且容易填答，而不合适的问卷则可能使他们难以回答或拒绝回答，这样就无法保证调查的顺利进行。

（二）有效性原则

问卷的问题必须围绕所要测量的变量来设计，既不漏掉必要的资料，也不包含无关的信息。凡是对自测目标来说是多余的，没有对应分析指标，可有可无的问题一律不列入问卷。例如健康状况自测，就不应当包含民族等与健康状况无直接关系的问题。刚接触问卷设计的人容易走向"多多益善"的误区，殊不知这样做的结果会影响问卷的有效性。正确的做法是设计者应该先就调查问题有一个总体的研究框架，包含该研究问题分析的各级维度指标，对每一个分析的维度设置对应的且适宜数量的调查问题，如此才能保证问卷问题指向明确，保证问题的有效性。

（三）可行性原则

问卷调查需要被测试者密切合作，因此问卷设计时必须注意凡是被测试者不可能知道的、不能理解的、不愿意回答的问题都不应该列出。例如，问卷中如果询问有关被测试者过去发生的事情，如"上个月您跑步的时长是多少？"等问题。这些问题需要被测试者回忆、思考甚至是计算，然而并不是每个人都能准确回忆起来，记忆的偏差难以避免，被测试者要么拒绝回答，要么随意回答，结果导致这类问题对于收集资料是无用的。

二、自测问卷的基本结构

问卷是调查研究中用来收集资料的主要工具，它在形式上是一份精心设计的问题表格，其用途则是用来测量人们的行为、态度和社会特征。根据使用问卷的方式不同，问卷可以分为自填式问卷和访谈式问卷。自测问卷即自填式问卷。尽管在健康管理调查中依据调查的目的不同所用的自测问卷各不相同，但是它们往往都包含封面信、指导语、问卷主体及编码等部分。

（一）封面信

封面信即一封致被测试者的信，一般放在问卷最前面，它的作用在于向被测试者说明调查的目的、调查者的身份、调查的大概内容、对调查结果保密的措施等。封面信的语言表述要言简意赅，篇幅一般以二三百字为宜。封面信的篇幅虽然短小，但在问卷调查过程中有特殊的作用。研究者能否让被调查者接受调查，并使他们认真地填写问卷，在很大程度上取决于封面信的质量。下面例子是健康相关行为自测问卷的封面信。

亲爱的朋友：

您好！

为了更好地为您制定科学合理的健康管理方案，请您完成以下健康相关行为的自测。您的回答将为我们提供重要参考，因此，请将您的实际情况和想法提供给我们。本问卷仅供制定健康管理方案使用，您所填写的相关内容都将严格保密，请填写时不必有任何顾虑。

占用了您宝贵的时间，向您致以诚挚的谢意！

XXXX（调查单位）

202X 年 X 月 X 日

负责人：XXX

联系方式：XXXXXXXX（电话 /E-mail/ 微信等）

（二）指导语

指导语，即"填写说明"，是用来指导被测试者填写问卷的解释和说明，是对填表的方法、要求、注意事项等的总说明。指导语要简明易懂。有些自测问卷的填答方法比较简单、问题明确，指导语用一两句话说明即可，例如"请根据自己的实际情况在合适的答案号码上画圈或者在空白处直接填写"。有些比较复杂的自测问卷的指导语则集中在封面信之后，并标有"填答说明"的标题。

（三）问卷主体

问卷主体是自测问卷设计的主要内容，包括问题和备选答案。从总体上看，可分为开放式问题与封闭式问题两大类。开放式问题只提出问题，不为回答者提供具体答案，由回答者根据自己的情况填答。封闭式问题是在提出问题的同时，还给出若干个答案，要求回答者根据实际情况进行选择。在问题形式上分为填空式、选择式（单选式、多项选择式）、表格式或矩阵式、相倚式。

（1）填空式：在问题后画一横线，让回答者直接在空白处填写。例：您的年龄是_____岁。

（2）单选式：问题的答案回答者需根据自己的情况选择其一。例：您的性别是：（请在合适的答案选项上打√）

A. 男　　B. 女

（3）多项选择式：被测试者给出的答案至少两个。例：您认为以下哪些因素与高血压的发生有关？（请在合适的答案选项上打√，可多选）

A. 肥胖　　B. 酗酒　　C. 吸烟　　D. 缺乏运动

（4）表格式或矩阵式：由于问题答案选项一致，将同一类型的若干个问题用表格集中在一起，构成一个问题的这种表达方式。矩阵式其实是表格式的变体，只是用矩阵的方式而不是表格的方式表达出来而已。例：以下因素与高血压发生的关系表达中，请选择您觉得合适的打√。

	相关	不相关	不确定
肥胖			
酗酒			
吸烟			
大量摄入油炸食物			

（5）相倚式：在自测问卷设计中我们还会遇到有些问题只适用于一部分调查对象，只有经筛选过的调查对象才回答相应的问题。此时我们需要设计相倚式问题。所谓相倚问题，指在前后两个（或多个）相连的问题中，被测者是否应当回答后一个（或后几个）问题，要由他对前一个问题的回答结

果来决定，即前一个问题作为"过滤性问题"。例：请问您去过专业健身机构锻炼吗？

A. 有

B. 没有（请跳过问题 12—18，直接从问题 19 开始回答）

（四）编码

自测问卷获得的信息资料，需要计算机帮助健康管理者进行预处理和分析，因此需要将被测者的回答转换成计算机能识别的数值，这个过程就是编码。编码是赋予每一个问题答案一个数字作为它的代码。编码既可以预编码，即在自测问卷设计的同时就设计好，也可以后编码，即等测试完成后再进行。

例 1：您最近一周去健身房的次数是＿＿＿＿次。

编码一般给出 2 位，因为一周去健身房的次数一般在两位数以内。

例 2：请对下面看法发表意见：锻炼对睡眠质量影响很大。

A. 非常同意　　B. 同意　　C. 无所谓

D. 不同意　　E. 很不同意

可以按答案出现的顺序从小到大赋值，也可以从大到小赋值。例如，如果我们按"1= 非常同意，2= 同意，3= 无所谓，4= 不同意，5= 很不同意"来赋值，则一个回答者在该题上的

得分越高，表明他的态度越倾向于不赞同锻炼影响睡眠质量的表述。

（五）其他

自测问卷作为健康管理者健康档案的资料，健康管理机构一般还需要给每份自测问卷编号、标注调查日期、被测试者合作情况以及有无特殊说明等有关内容。这些一般用于存档用，自测者在自测问卷问题中看不到。

三、问卷设计步骤

（一）准备阶段

设计自测问卷的准备阶段是进行探索性工作。常见方式是自测问卷设计者围绕所要调查了解的问题，自然地与拟被测试对象交谈，留心观察他们的行为和态度等特征，以便对各种问题和可能出现的回答有一个初步的、感性的认识，这样可以避免在设计中出现不合实际的表达。因为，当我们在交谈中提出的问题含糊不清时，回答者必然会提出疑问，所以，探索性工作是自测问卷设计准备阶段一项非常重要的工作。

（二）设计阶段

设计自测问卷初稿，可供参考的一种做法是先分后总。先分后总就是根据探索性工作所得到的每个问题及答案选项都逐条写出来，然后将相同指标维度的题目归为一类，例如把自测者性别年龄等基本信息归为一类，将自测者身体健康状况归为不同类。再按合适的顺序排出各类问题的前后顺序，使问题连成一个整体的过程，例如先是基本信息类，接着是健康现况类，再是健康观念类。在实践中，还可以从健康管理或健康评估的目标出发，先拟定评估的指标维度，例如一级维度是健康观念，在此维度下还可设置健康饮食观念等二级维度指标，再设计解释每个指标维度的问题及答案，例如"健康饮食观念"指标维度的问题："请问您是否每天都吃早餐？"

（三）试用

自测问卷初稿必须进行试用，这一步在自测问卷设计的过程中至关重要。任何自测问卷都不可能一次设计成功，往往要经过若干次修改。试用自测问卷初稿的方法有两种：一种叫客观检验法，即将自测问卷初稿在正式测试的人群中先试做若干份，然后收集和分析测试中出现的问题并进行修改。例如，如果某道题大部分被测试者未作回答，很有可能是该题的表述有问题，造成被测试者不知道如何作答。另一种叫主观评价法，即将设计好的自测问卷初稿分别送给健康管理评估领域的专业人员，请他们直接对自测问卷进行评阅，指出需修改之处。

（四）修改定稿

根据上述方法找出自测问卷初稿中存在的所有问题并修改后才能最后定稿。对定稿的问卷进行制备的过程，要十分小心和仔细。无论是版面安排上的不妥，还是文字上、符号上的错误，都会影响被测试者对健康评估专业度的信任，从而降低配合程度，影响信息的采集。

四、问卷设计的注意事项

（一）问题设计的注意事项

（1）问题的语言和提问方式。

避免使用专业术语：要尽可能使用简单明了、通俗易懂的语言，避免使用复杂的、抽象的概念及专业术语。例如"请问您知道过度运动会导致横纹肌溶解综合征吗？"问题中"横纹肌溶解综合征"就是专业术语，被测试者可能因不明白是什么而拒绝回答。

避免问题带有双重（或多重）含义：指的是在一个问题

表述中同时询问了两个以上的事件。例如 "您或您的家人一般多久锻炼一次？"就是一个带有双重含义的问题。它实际上同时询问了"您一般多久锻炼一次？"和"您的家人一般多久锻炼一次？"两件事情。一题两问，就使被测试者无法回答。

避免问题带有倾向性：指问题的表述不能对被测试者产生诱导性，应保持中立的提问方式。例如，请对比以下两种提问方式"你抽烟吗？"与"你不抽烟，是吗？"前者是中立地询问人们日常生活中习惯的问法，后者则带有一种希望被测试者回答"是的，我不抽烟"的倾向。

避免使用否定形式提问：生活中，除了强调某些特殊情况外，人们往往不会用否定形式的提问。例如，习惯于"您是否知道高血压患者不能参加剧烈运动？"而不习惯于"您是否不知道高血压患者不能参加剧烈运动？"当以否定形式提出问题时，出于习惯，被测试者可能会漏掉问题中重要的"不"字，这种误答在问卷结果中常常又难以发现。

避免问被测试者不知道的：指所有问题都应该是被测试者能够肯定回答出来的。如果需要被测试者回忆、推测，则有可能会造成结果的偏差。例如，"您是通过什么途径了解的高血压运动辅助治疗？"被测试者如果不知道"高血压运动辅助治疗"是什么则无法回答。

避免直接询问敏感性问题：例如，"请问您的近亲中有精神疾病患者吗？"由于社会上对精神疾病患者存在一定的"污名化"，即使是自测问卷，也有可能无法获得准确的信息。

（2）问题的数量和顺序。

问题的数量：一般来说，通常以被测试者能在 20 分钟内完成为宜，最多也不要超过 30 分钟。因为，问卷太长容易引起被测试者心理上的厌倦情绪或畏难情绪，影响问卷的回收率。

问题的顺序：一般原则是把简单易答的问题放在前面，把复杂难答的问题放在后面；把能引起被测试者兴趣的问题放在前面，把容易引起他们紧张或产生顾虑的问题放在后面；把被调查者熟悉的问题放在前面，把他们感到生疏的问题放在后面；先问行为方面的问题，再问态度、意见、看法方面的问题；个人背景资料，可以放在结尾，也可以放在开头；若有开放式问题则应放在问卷的最后。

（二）答案设计的注意事项

答案的设计要与所提的问题协调一致，还应特别注意答案设计的穷尽性和互斥性。

答案设计的穷尽性：是指答案包括了所有可能的情况。对任何一个被测试者来说，问题的答案中总有一个是符合他的情况的。如果有某个回答者的情况不包括在问题所列的答案中，那么这一问题的答案就不是穷尽的。例如，"您是通过下列哪些方式了解健康管理相关知识的？ A.电视 B.网络 C.朋友告知 D.医生告知"，该问题的答案就不是穷尽的，被调查很有可能通过社区的健康宣传等其他渠道获取健康管理相关知识。

答案设计的互斥性：是指答案之间不能交叉重叠或相互包含。例如，"您目前采用什么方法来控制体重？ A.非药物方法 B.加强锻炼 C.药物方法"，此题的答案就不是互斥的，锻炼也是非药物控制体重的方式。

五、自测问卷评估

作为收集信息的工具，调查问卷的质量会影响收集资料的质量，因此为保证问卷设计的科学性，常采用信度和效度对其进行评价。信度即可靠性，指采用同样的方法对同一对象重复进行测量所得到结果相一致的程度。效度即准确度，是指某一调查问卷能准确测出所要测量的变量的程度。一份科学合理的自测问卷其评估结果应该是可靠且准确度高的。

后记

　　随着社会和经济的快速发展，人们的生活更加富足了，人们对身体健康与运动健身的需求不断增加，健康已成为人类的第一需求，日益受到人们的关注。

　　所谓健康，是指身体上、心理上和社会适应方面的良好状态，而不仅仅是没有疾病，影响健康的最重要因素往往是人们极易忽视的个人生活行为方式。有数据显示，人类一生中近 70% 的疾病源自不健康的生活行为方式，如吸烟、饮酒、吃动不平衡、情绪紧张、压力、睡眠障碍等，它们潜移默化、日积月累，其影响广泛且深远。现如今，我国居民的疾病谱已经发生了重大变化，慢性疾病占据首位，且呈现出上升趋势。癌症、高血压、2 型糖尿病、冠状动脉粥样硬化性心脏病（冠心病）、脑卒中、慢性阻塞性肺疾病、肥胖等慢性疾病负担的增加，除了与医学预防和治疗的进步及人口老龄化有关外，更与上述不健康的生活行为方式密切相关。

　　生命在于运动，生命因运动而更具活力。从生理层面讲，运动可以强身健体，增强个人免疫力；从心理层面讲，运动能改善情绪、培养人的意志，增强自信。2021 年国务院正式印发《全面健身计划（2021—2025 年）》，就"十四五"时期深化体育改革、发展群众体育、倡导全民健身新时尚、推进健康中国建设作出了部署。习近平总书记指出："全民健身是全体人民增强体魄、健康生活的基础和保障，人民身体健康是全面建成小康社会的重要内涵，是每一个人成长和实现幸福生活的重要基础。"当前，我国全民健身事业取得了较大发展，已经得到了全社会的广泛关注和积极响应，人民群众体育健身繁荣意识日益增强，群众选择健身的范围更加广泛，利用健身手段方式的种类也逐渐增多。然而在取得显著成绩的同时，理性认识全民健身活动的微观方面，还有不足的地方。例如，群众健身的科学理论知识有待提高，群众对健身功效的理性认识能力有待加强，工作生活、健身活动与养生生活没有有机地结合起来，社会体育指导员从业者不多、运动方式吸引力不够，以至于我国全民健身普及的广度和深度有待进一步探索与加强。

发展体育运动在于使更多的人参与体育健身活动，其核心在于增强人民体质。对于科学健身，本书实现了人群全覆盖，通过案例形式，指出"生命在于科学运动"的原因并提出具有针对性的科学建议。"没有全民健康，就没有全面小康。"进入新时代，习近平总书记高度重视人民群众的身体健康，将全民健身作为全面建成小康社会的重要内涵，上升到国家战略的新高度，以国家长远发展为基点，以民族伟大复兴为目标，加快建设健康中国的时代步伐。顺势而为，乘势而上，深化全民健身理念，培育全民健身习惯，推动全民健身成为生活风尚，以更大的力度积极推动全民健身，不断提升人民健康水平，全面打造健康中国，为实现中华民族伟大复兴贡献力量。